U0552428

长江人文馆

中国五千年
思想小札

朱刚／著

长江出版传媒　长江文艺出版社

图书在版编目（CIP）数据

中国五千年思想小札 / 朱刚著. -- 武汉：长江文艺出版社，2025.1. --（长江人文馆）. -- ISBN 978-7-5702-3817-0

Ⅰ．B2

中国国家版本馆 CIP 数据核字第 202452A1X5 号

中国五千年思想小札
ZHONGGUO WUQIAN NIAN SIXIANG XIAO ZHA

责任编辑：张远林	责任校对：程华清
装帧设计：周　佳	责任印制：邱　莉　丁　涛

出版： 长江出版传媒　长江文艺出版社
地址： 武汉市雄楚大街 268 号　　邮编：430070
发行： 长江文艺出版社
http://www.cjlap.com
印刷： 湖北恒泰印务有限公司

开本：640 毫米×970 毫米　1/16	印张：13.5	
版次：2025 年 1 月第 1 版	2025 年 1 月第 1 次印刷	
字数：148 千字		

定价：39.80 元

版权所有，盗版必究（举报电话：027—87679308　87679310）
（图书出现印装问题，本社负责调换）

目 录

前 言 ·· 1

击壤老人：帝力于我何有哉 ······································ 1
伯夷、叔齐：以暴易暴，不知其非 ··························· 3
周公：先知稼穑之艰难 ··· 5
伯阳父：天地之气，不失其序 ··································· 7
管子：论卑而易行 ·· 9
宋襄公：君子不重伤，不禽二毛 ······························ 11
晏子：和而不同 ·· 14
司马穰苴：将在军，君令有所不受 ·························· 16
子产：不如小决使道 ··· 18
邓析：以非为是，以是为非 ···································· 20
史墨：社稷无常奉，君臣无常位 ······························ 22
老子：战胜以丧礼处之 ··· 24
孔子：天之未丧斯文也，匡人其如予何 ··················· 26
墨子：口言之，身必行之 ······································· 28
孙武：兵者，诡道也 ··· 30
计然：贵出如粪土，贱取如珠玉 ······························ 33
曾子：修身齐家治国平天下 ···································· 35

1

杨朱：且趣当生，奚遑死后 …………………………………… 37

子思：上不怨天，下不尤人 …………………………………… 39

商鞅：能制天下者，必先制其民 ……………………………… 41

孟子：由仁义行，非行仁义也 ………………………………… 43

许行：市价不贰 ………………………………………………… 45

宋子：明见侮之不辱，使人不斗 ……………………………… 47

庄子：安知我不知鱼之乐 ……………………………………… 49

公孙龙子：白马非马 …………………………………………… 51

慎子：不瞽不聋，不能为公 …………………………………… 53

邹衍：终始五德 ………………………………………………… 55

荀子：人生不能无群 …………………………………………… 57

韩非子：上下一日百战 ………………………………………… 59

吕不韦：善学者，假人之长以补其短 ………………………… 61

李斯、秦始皇：废封建，置郡县 ……………………………… 63

贾谊：众建诸侯而少其力 ……………………………………… 65

董仲舒：明其道不计其功 ……………………………………… 67

霍去病：匈奴不灭，无以家为 ………………………………… 69

司马迁：鄙没世而文采不表于后 ……………………………… 71

扬雄：雕虫篆刻，壮夫不为 …………………………………… 74

王充：忧惧则鬼出 ……………………………………………… 76

何休：天下远近小大若一 ……………………………………… 78

诸葛亮：王业不偏安 …………………………………………… 80

阮籍：礼岂为我辈设 …………………………………………… 82

杜预：臣有《左传》癖 ………………………………………… 84

嵇康：人性以从欲为欢 ………………………………………… 86

王弼：不能无哀乐以应物 ·············· 88
袁宏：弗动远略 ·················· 90
陶渊明：箪瓢屡空，晏如也 ············ 92
竺道生：一阐提人皆得成佛 ············ 94
范晔：贪孩童以久其政 ·············· 96
萧纲：文章且须放荡 ················ 98
萧绎：可久可大，莫过乎学 ············ 100
智顗：如来性恶不断，还能起恶 ·········· 102
王通：西方之教也，中国则泥 ··········· 104
慧能：佛性本无南北 ················ 106
法藏：一一毛中，皆有无边师子 ·········· 108
杜甫：孔丘盗跖俱尘埃 ·············· 110
韩愈：有得有丧，勃然不释 ············ 112
柳宗元：封建非圣人意 ·············· 115
义玄：逢佛杀佛，逢祖杀祖 ············ 117
罗隐：非狡与忍，则无以成大名 ·········· 119
文偃：一棒打杀世尊 ················ 121

赵普：半部《论语》治天下 ············ 123
范仲淹：云台争似钓台高 ············· 125
欧阳修：治道备，人斯为善矣 ··········· 127
李觏：《周礼》致太平 ··············· 129
苏洵：观吾之《谱》者，孝悌之心可以油然而生矣 ··· 131
邵雍：十二与三十迭为用 ············· 133
周敦颐：志伊尹之所志，学颜子之所学 ······ 135
文同：画竹必先得成竹于胸中 ··········· 137

司马光：平生所为，未尝有不可对人言者 …… 140
曾巩：师之道，有问而告之者尔 …… 142
张载：为万世开太平 …… 145
王安石：己然而然，君子也 …… 147
程颢：有有德之言，有造道之言 …… 149
程颐：百世无善治，千载无真儒 …… 151
苏轼：政之费人也甚于医 …… 153
苏辙：观天下之势，而制其所向 …… 155
黄庭坚：颜子以圣学者也 …… 157
刘安世：民可使由之，不可使知之 …… 160
陈与义：微波喜摇人，小立待其定 …… 162
郑樵：当使一民有百亩之田 …… 164
陆游：虏，禽兽也 …… 166
朱熹：相打有甚好看处 …… 168
吕祖谦：天下之事向前则有功 …… 170
陆九渊：堂堂地做个人 …… 172
陈亮：通和者所以成上下之苟安 …… 174
叶适：世固无不行之道，亦安有不仕之学 …… 176
吕中：甚矣"国是"一言之误国也 …… 178
王应麟：中夏虽亡，而义理未尝亡 …… 180
文天祥：读圣贤书，所学何事 …… 182

宋濂：驱逐胡虏，恢复中华 …… 184
刘基：气昌而国昌，由文以见之也 …… 186
方孝孺：便十族，奈我何 …… 188
王守仁：破山中贼易，破心中贼难 …… 190

4

胡应麟：老吏断狱 …………………………………… 192
刘宗周：意者，心之所以为心也 …………………… 194
黄宗羲：遗民者，天地之元气也 …………………… 196
吕留良：尤有大于君臣之伦，为域中第一事者…… 199
全祖望：周之顽民，皆商之义士也 ………………… 201
章学诚：六经皆史 …………………………………… 203

前　言

《诗经·大雅·抑》中有"其维哲人"的话，哲人大概是聪明人的意思，但自从有了一门名唤"哲学"的学科后，哲人的称号就专归哲学家了；《大雅·江汉》还有"告于文人"的话，文人是引导他的同类摆脱粗野状态的人，但自从有了一门名唤"文学"的学科后，文人的称号也专归文学家了。曾几何时，中文的常用词好像都穿起了西服，大多变成了假洋鬼子。那么，还有没有一个词语可以统称一切领域的杰出人物呢？我想起杜甫悼念陈子昂的一句诗："位下曷足伤，所贵者圣贤。"这"圣贤"二字似乎还是地地道道的中文。所以，我将宣称这本小书选录的是传统中国近百位圣贤的言论。

如果用今天的学科分类的眼光去看，这些言论涉及的领域实在太多，哲学、宗教、历史、文学，以及政治、经济、法律、医药等，说什么的都有。但总而言之，是圣贤们在各自的生存环境中生发的对人类命运或历史发展的独特思考，以及在面对具体事件、具体现象时作出的富于创造性和机智感的应对。虽然它们已经成为各种各样的专门史，比如佛学史或政治思想史的叙述对象，但我们也不难发现，同一个观点或同一位人物，经常会出现在不同领域的专门史中。所以严格说来，哪一种专门史都不是圣贤的家，出现在专门史中的圣贤已经被割裂。避免割裂的办法本来也有，就是写人物传记，但传记其实也受到专业期待的严重影响，比如苏东坡的政治生涯足以成为一部传记的内容，但不涉及文学的苏轼传却一定会让许多读者失望。而今，在这样一本小书中，如果读者翻到苏轼那一页，讲的并不是文学，大概还不至于责怪作者吧？这是我乐于以此种方式写作的原因之一：为每一位圣贤找到一小段我觉得堪称精辟的言论，或者一个与他有关的小故事，配以评析，基本上就是个人的读书感受而已。

在某些时候，人类的某个群体会陷入特殊的困境，比如生活资料严重不足，或者国家遭受外敌入侵，或者行为和思想失去自由等，此时某一种努力将成为人生的首要甚或全部内容，其他问题都不遑顾及了。但若除去此类特殊遭遇，在一般的情况下，人们将走过大致相似的人生旅途。所以就基本处境来说，古今人类大抵相同。那么，期待人与人之间的共鸣，就算不上奢求。孟子说，古人可以成为自己的朋友；《中庸》也宣称，君子将获得后世的理解，"百世以俟圣人而不惑"。同样，现代的中国人依然应该而且能够倾听古代圣贤的声音。当然，人企贤，贤企圣，新的圣贤也会不断产生。

圣贤的声音之所以值得倾听，不是因为它们可以供各种专门史勾画"发展线索"。一盏盏智慧之灯所放射的热量，足以燃尽一切"线索"。圣贤的存在使辽阔的天空有群星闪耀，希望这本小书能够展现灿烂星空的一角，可以引发读者遨游的兴趣。

击壤老人：帝力于我何有哉①

天下大和②，百姓无事，有五十老人击壤于道。观者叹曰："大哉，帝之德也！"老人曰："日出而作，日入而息，凿井而饮，耕田而食，帝力于我何有哉？"于是景星曜于天③，甘露降于地④

——《艺文类聚》引《帝王世纪》

上古时代无忧无虑的一个老人，过着自力更生的日子，觉得统治者的事跟他毫不相干。从前后文的描述来看，这本是上古的史官对帝尧的歌颂，他的统治让人民丝毫感觉不到"统治"这件事的存在。所以，借这个"身在福中不知福"的击壤老人之歌，中华民族草创时代的不知名史官提出了最早的政治理论：最好的政治就是让人感觉不到政治的存在。

后来春秋战国时期的道家，对政治的态度大抵与此相似，所以

---

① 击壤：敲击土地，作为歌唱的拍子。一说是一种以木块相击的游戏。帝指上古的帝尧。于我何有：意谓关我什么事。

② 大和：太平安乐。

③ 于是：在这个时候。景星：据《史记·天官书》说，这是一颗"德星"，没有固定的形状，而总出现在"有道之国"。曜：明亮。

④ 甘露：甘美的雨露，古人认为是天下太平的祥瑞。

历来都认为道家思想来源于史官。实际上，孔子也曾赞叹："大哉尧之为君也。巍巍乎，唯天为大，唯尧则之。荡荡乎，民无能名焉。"（《论语·泰伯》）就是说，帝尧的政治一切应顺自然，令人们讲不出它的好处，便是最大的好处。看来，在对于帝尧政治的理解上，经常互唱反调的道、儒两家，也显得相当一致。

确实，在《尚书》和《史记》记载中的帝尧并没有很突出的伟大事迹。几乎每个民族都有关于上古先祖的英雄传说，这些英雄都有常人难以企及的接近于神的性格或能力。在中国古史传说中，帝尧之前的黄帝、炎帝，之后的舜、禹，也多少都留下一些创建功业的故事，不愧其英雄形象。唯独这帝尧，除了善于用人外，几乎没有什么可以彪炳史册的功业，却获得了如此崇高的景仰。这似乎有点不可思议。若说他适逢其时，正好坐享了太平天下，却又不然。毋宁说，他领导的正是一个艰难的时代，既有十日并出，又有洪水滔天。那十个太阳是靠后羿射掉了九个，洪水却长期得不到有效的治理。而尧似乎并未动员全国人民去跟洪水搏斗，只将此事委任给一部分有能力的人，让一般的百姓仍能无忧无虑地击壤而歌。也许他本人失去了建功立业的机会，但随着中国古代后世越来越多的无辜者被统治者的建功立业夺去了太平安乐、自耕自食的生活，甚至夺去了生命，便有越来越多的思想家推崇帝尧的政治。应该说，这支《击壤歌》一直回响在中国古代政治思想的旋律之中，成为其基本音调之一，虽然很容易被带往消极的方向，却不乏深刻之处。

伯夷、叔齐：以暴易暴，不知其非①

武王已平殷乱②，天下宗周，而伯夷、叔齐耻之，义不食周粟，隐于首阳山，采薇而食之。及饿且死，作歌，其辞曰："登彼西山兮，采其薇矣。以暴易暴兮，不知其非矣。神农、虞、夏忽焉没兮③，我安适归矣④？于嗟徂兮⑤，命之衰矣⑥。"遂饿死于首阳山。

——《史记·伯夷列传》

改朝换代，自古何其多矣，史册上于是留下了满纸的庆贺和夸耀之词，大抵是说光明战胜了黑暗，明主战胜了暴君。事实的另一面是：为了取代暴君，牺牲的人往往比死于暴君手下的更多，因为

---

① 伯夷、叔齐：殷、周之际孤竹国的两位王子，让位离国。周武王讨伐殷纣，二人劝阻不成，隐居饿死，时人称为"义士"。司马迁作《史记》七十列传，以《伯夷列传》为首。以暴易暴：用一种残酷代替另一种残酷，指以暴力行动取代暴君的统治。

② 武王：指周武王，周朝的建立者，姬姓，名发。

③ 神农句：上古神农、虞舜、夏禹等实行的淳朴禅让之道已不存在，变成了君臣争夺天下。

④ 我安适归：哪里适合我去。

⑤ 徂：远去，此指饿死。

⑥ 命之衰：命运不好，没碰上好的世道。

古代更换政权难免是个摧残和杀戮的过程,社会文化也在战争中被剧烈破坏。由于人们痛恨暴君,抑或开国气象比较令人鼓舞,所以这一面容易被人忽略。但在三千多年以前,伯夷、叔齐就将改朝换代概括为"以暴易暴",不能不说是一种非常早熟的政治伦理。此后,战国时代的孟子也曾怀疑,殷纣的残暴并没到传说中那样的程度;而宋代的苏轼更断定,周武王并不是一个圣人。

这当然不是教人们必须无条件忍受暴君的酷虐,不作反抗;也不是否认政权更替对历史的推动作用。只是,那些在政权更替中被牺牲的无辜的人,是不应该被忘怀的。根本地说,任何圣明的、优良的政治都是为了人,如果无法避免地要以人为代价来换取这种政治,那么它首先已是一个悲剧。想来,伯夷、叔齐也未必不知道"以暴易暴"有时不可避免,他们在那个似乎应该举世欢庆的时刻放弃生存,绝非对过去了的暴君统治有任何留恋,而是以个人的悲剧来醒目地标示出时代和历史的悲剧。"兴,百姓苦;亡,百姓苦"。而古代历史上"兴"的人却总是强迫或强说百姓们随着他的"兴"而高兴,那便是伯夷、叔齐说的"不知其非"。司马迁在汉代作《史记》,就没有把汉高祖刘邦写成圣人,更没有把刘邦的敌人项羽写成魔鬼。这与他取伯夷、叔齐为七十列传之首,可谓异曲同工。自然,这样的著作只好"藏之名山,传之后世"了。

周公：先知稼穑之艰难①

呜呼，君子所其无逸②，先知稼穑之艰难。乃逸，则知小人之依③。相小人④，厥父母勤劳稼穑⑤，厥子乃不知稼穑之艰难，乃逸，乃谚⑥。既诞，否则侮厥父母曰："昔之人无闻知。"⑦

——《尚书·无逸》

周是一个以农业为本的社会，所以把稼穑视为最根本的生产劳动。"先知稼穑之艰难"，就是从了解最根本的生产劳动开始，然后

---

① 周公：名旦，周武王之弟，在武王去世后，因继位的周成王年幼，周公执政多年。古史称他"制礼作乐"，是中华礼乐文明的奠基人。《尚书》记载他的言论较多，《无逸》一篇，是他训诫成王之辞。稼穑：种植与收割，谓农事，生活所本。
② 所其无逸：到处、时刻都不放松安闲。
③ 乃逸二句：说放松安闲的都是小人，因为他们自己不勤劳，是在依靠别人。
④ 相：看，观察。
⑤ 厥：指代词，他的。
⑥ 谚：鄙俗不恭。
⑦ 既诞二句：如果不是编谎话去欺诳父母，就是轻视父母，说他们太没见识。诞，欺诞，以荒唐的假话去蒙骗。否则，不然，则又。

还要了解许多"艰难"的事,反正不能安于享受。现在看来,这个古训已经是老生常谈,但周公这段话其实另有一个意思值得注意,在他的意识中,父母是"艰难"的,而"厥子"在享受。

每一代人都有不同的境遇,不同的竞争方式,从社会财富积累的角度说,后一代总比前一代的条件要好些,但这并不意味着后一代就会生活得更轻松安乐,因为跟他竞争的人也同样拥有较好的条件。拿最极端的例子说,开国皇帝打天下是"艰难"的,他的儿子就可以继承,似乎不"艰难",其实,为了当上或保持太子的位置,需要多少明争暗斗的心计!"艰难"的程度并没减轻,只是表现的方式不同而已。但如果根据自己的经历,站在自己一代的立场上讲话,则都会觉得后一代实在比自己要轻松得多,这也是普遍的倾向,周公虽是圣人,但也并不例外。他跟随文王、武王两代,为了夺取政权,处心积虑,可谓艰难备尝,再看他的侄子周成王,小小年纪就当了天子,得来全不费功夫。在这种情况下,要克制住前去教训一下的欲望,即便圣人也很难的。

由于认定下一代比自己轻松,所以周公强烈要求下一代应该牢记前辈的"艰难"历史。由于下一代实际上可能并不轻松,再加上必须牢记上一代的"艰难"历史,增加了负担,下一代就必然更为"艰难"。为了减轻负担,只好说一句任性的话,"昔之人无闻知",你们这些大人懂什么!如此便把本来应该承认的历史也抛弃了。在正常的情况下,下一代会自己选择他应该记住的历史。

伯阳父：天地之气，不失其序①

幽王二年②，西周三川皆震③。伯阳父曰："周将亡矣。夫天地之气，不失其序；若失其序，民乱之也④。阳伏而不能出，阴迫而不能烝，于是有地震⑤。今三川实震，是阳失其所而镇阴也⑥。阳失而在阴⑦，川源必塞；源塞，国必亡。夫水土演而民用也⑧，水土无所演，民乏财用，不亡何待？……"十一年，幽王乃灭，周乃

---

① 伯阳父：西周末年的太史，掌管文化的官员。
② 幽王：周幽王（公元前781—前771年在位），西周末年的荒唐君主。
③ 三川：指泾水、渭水、洛水，都发源于岐山，因为地震，岐山崩溃，三川水竭。
④ 民：人。
⑤ 阳伏三句：阳气清轻，阴气浊重，故阳气自然上升，阴气自然下沉。当阳气下伏不出，被阴气所压迫，无法顺利上升，积累久了，便突然爆发，发生地震。烝，升。
⑥ 镇阴：被阴气所镇压。
⑦ 在阴：指处于阴气之下。
⑧ 夫水土句：谓水土润泽，可以种植，人民赖以生产，获取财用。演，润泽。

7

东迁①。

——《国语·周语上》

阳伏阴迫而造成地震,后来成为中国古代对地震成因的权威见解,而公元前780年陕西地区的这次地震,被认为是西周东迁的预示。现在看来,伯阳父这段话的价值,也许不在于它提供了世界上最早的地震成因解释,而是其理论根据"天地之气,不失其序",有着非常现代的意义。自然本身具有物理和生态的平衡,人类的生活和文化赖此而展开,但人的力量也足以破坏这种平衡,"若失其序,民(人)乱之也",于是产生各种自然灾害,山崩川竭,人们从而流离失所,由此而说其预示着"国必亡",似乎顺理成章,至少也可以看成一种警示。

绝大多数的传统知识分子,都认为"天变"即自然灾害是人的错误行为造成的,他们要求统治国家的人对此负责。但历史上也有少数爱发异论的人,认为自然灾害跟国政毫无联系,天是天,人是人,互不相干。到了近代以后,这些人被赞赏为难得的头脑清楚的人。可是,把人和自然割裂开来,以为人可以不顾自然本身的规则,按自己的理想去改造,甚至在发生"天变"的时候也不畏惧,坚持说那与人无关,结果是中国大地上黄沙无际,江河成灾。这正印证了所谓"若失其序,民(人)乱之也"。

---

① 周乃句:指周幽王十一年(前771),申侯联合犬戎攻破西周都城镐京,杀幽王,立平王。次年周平王东迁洛邑,东周开始。

管子：论卑而易行①

　　管仲既任政相齐②……下令如流水之原，令顺民心，故论卑而易行。俗之所欲，因而予之③；俗之所否，因而去之。

　　　　　　　　　　　——《史记·管晏列传》

　　春秋、战国，是一个"百家争鸣"的时代，各家各派都提出了自己的主张，他们的思想对后世都有着巨大的影响。但是，有机会亲手把自己的主张付诸实践的并不多，能够称得上成功的更少，而管子恰恰就是成功的一位。所以，自孔子和他的门徒以来，管子就是一个热门的话题。无论在私德上还是政效上，管子多少不符合圣门的理想，因此孔子的弟子中就有人表示不屑于做管子；但即便孔子本人也不得不承认，只要稍微放松评价的标准，管子便是个令人仰慕的、不可多得的成功者，他的成功令孔子本人也身受其惠。当司马迁总结管子成功的奥秘时，就将"论卑而易行"看作关键。

---

　　①　管子（？—公元前645）：名夷吾，字仲。春秋时齐桓公用他为相，尊王攘夷、成就霸业。现存的先秦古籍有《管子》一书，但一般认为并不出自管子之手，而是战国时的齐国人编辑的。卑：低。

　　②　任政：担任执政。相齐：做齐国的国相。

　　③　予：同意、给予。

重视现实，不唱高调，不违拗多数人的意愿，从容易做的地方入手，慢慢接近自己的理想：这就是"论卑而易行"的含义吧。也许这真的是管子成功的原因，当然那效果也就不会十分地符合理想，孔门对管子的矛盾态度，从而也不难理解了。问题在于，管子的情况是否真的如此？也就是说，他是怀有更高的理想而故意放低论调以求符合实际，还是本来就是个实用主义者？如果他怀有更高的理想，那么这理想又是什么？历代的士大夫写过不少《管仲论》之类的文章，探讨这样的问题，而意见很不一致。不过，在管子身后八九百年，有一个人以管子自比，成就也大约相当，那便是诸葛亮。对诸葛亮的认识，或许以杜甫的两句诗最为精辟："伯仲之间见伊吕，指挥若定失萧曹。"萧曹是西汉的丞相萧何、曹参，属于讲究实际效果的实干型的政治家；伊吕是辅佐商汤、周文王的伊尹、吕尚，属于追求道德理想的导师型的政治家。诸葛亮则被认为处于导师型与实干型之间，是怀抱崇高理想、学说主张，而又洞悉现实、重视实效的"贤相"。

宋襄公：君子不重伤，不禽二毛①

宋公及楚人战于泓②。宋人既成列③，楚人未既济④，司马曰⑤："彼众我寡，及其未既济也，请击之。"公曰："不可。"既济而未成列，又以告，公曰："未可。"既陈而后击之⑥，宋师败绩⑦。公伤股⑧，门官歼焉⑨。国人皆咎公⑩，公曰："君子不重伤，不禽二毛。

---

① 宋襄公：春秋时宋国的国王，名兹甫，公元前651—前637年在位，其活动时间正好在齐桓、晋文之间。不重伤：在作战时，对已经受伤的敌人不忍再次伤害。禽：通"擒"，擒获。二毛：有黑、白两种头发，指年纪较大的人。
② 泓：水名，故道在今河南柘城附近。这次战役发生在公元前638年。
③ 既：已经。成列：排好了阵形。
④ 未既济：还没有全部渡过泓水。
⑤ 司马：掌管部队的武官，这里指子鱼。
⑥ 既陈：排好了阵势。陈，同"阵"。
⑦ 败绩：失败。
⑧ 股：大腿。
⑨ 门官：侍卫。歼：尽灭，全部阵亡。
⑩ 咎：指责。

古之为军也①，不以阻隘也②。寡人虽亡国之余③，不鼓不成列④。"

——《左传·僖公二十二年》

如果说中国传统思想的特点是强调道德伦理，那么在军事方面则很早就被认为是例外，自《孙子兵法》以来，用兵之道被公开宣称为"诡道"，在其他领域受到严厉谴责的欺诈、利诱、虚伪、残忍等行为，到了这个领域却可以尽情施展，而且"道高一尺，魔高一丈"，在这个领域是只管手段高低，全无道德负担的。

不过《左传》关于宋襄公的记载，却让我们看到了《孙子兵法》产生以前的军事思想。按宋襄公的观念，打仗是在绝对公平的条件下，以实力或勇气来一决胜负。如果对手已经受伤，就不能打；如果对手年纪大了，也不能打；如果对方还没做好开打的准备，也不能先出手。——这是现代人在体育运动中熟知的奥林匹克精神，它肯定与远古的某种战斗原则相关，比如远古神话中的英雄人物，往往都是以堂堂正正的武艺和勇气折服敌手，不屑依靠诡计。这种精神当然被战争史所淘汰了，而在体育运动中延续了下来。

有人以为宋襄公是死守"周礼"的迂腐之人，实行了"蠢猪式的战法"，所以自取失败。这也未必然。宋襄公是殷商的后人，殷商文化刚猛峻烈，比周文化更多原始的野性，但也更讲究战斗的公平

---

① 为军：行军打仗。

② 不以阻隘：不利用地形的险阻来求胜。

③ 寡人：君王自称。亡国之余：宋国是殷商之后，故自谓亡国之余。

④ 不鼓句：打鼓是进军的信号，此谓敌人还未摆好阵形时，决不乘机进击。也就是说，不屑用欺诈手段赢得胜利。

决胜。按他自己的说法,虽然是"亡国之余",也意图保留这刚正之气的。所以他肯定不是"蠢猪",至少是古代世界里的堂吉诃德。

晏子：和而不同①

公曰②："唯据与我和夫③。"晏子对曰："据亦同也，焉得为和？"公曰："和与同异乎？"对曰："异。和如羹焉，水火、醯醢、盐梅④，以烹鱼肉，燀之以薪⑤，宰夫和之⑥，齐之以味，济其不及⑦，以泄其过⑧，君子食之，以平其心。君臣亦然。君所谓可而有否焉，臣献其否以成其可；君所谓否而有可焉，臣献其可以去其否。是以政平而不干⑨，民无争心……今据不然。君所谓可，据亦曰可；君所谓否，据亦曰否。若以水济水，谁能食之？若琴瑟之专壹⑩，谁能听之？同之不可也

---

① 晏子：名婴，春秋时齐国大夫。现存《晏子春秋》记录其言行，但杂有后人伪托的内容。
② 公：齐景公。
③ 据：梁丘据，齐国大夫。
④ 醯醢：醋和肉酱。盐梅，咸和酸的调味品。
⑤ 燀：炊。薪：木柴。
⑥ 宰夫：掌管膳食的小吏。
⑦ 济：增加。
⑧ 泄：减少。
⑨ 干：干犯，抵触。
⑩ 专壹：专一，指只有一种声音。

如是。"

——《左传·昭公二十年》

这是一段探讨君臣关系的著名言论,产生于公元前 522 年,其主旨是认为臣下不该附和君主的好恶是非,应该多提供不同的意见。这个说法,此后成为君权社会里一种缺少保障的准则。

说它是一个准则,因为无论是君主还是臣下,理智上都承认其合理性,贤明的君主还会以此鼓励臣下。说它缺少保障,是因为它公然提倡臣下去发表不同意见,而其后果如何全要看君主的自制力在当下的发挥,实际上因为"不同"而招来杀身之祸的臣下,可谓史不绝书。在今人看来,也许这个天然的、世袭的君主是个最不合理的东西,但中国的古人很少对此提出质疑。大乱大治的循环太多,使他们认为,如果没有一个天生的领导者,那么领导者的产生就必然要通过流血争夺,而能在争夺中获胜的往往是更不善良的人,所以不到万不得已的时候,他们都愿意维护一个天生的皇帝,甚至在皇位继承问题上,也大都不管皇子们的个人品德和能力,而愿意支持天生的"长子"。这也就是说,谁将拥有君权,一切由"天"来决定,最好不要掺杂进任何"人"的因素。此种观念原本包含了比今人理解的更为深沉的忧患,但它确实带来一个巨大的难题,就是如何说服这个天生的领导者听取别人的意见?

宋太祖问他的宰相赵普:"世间什么东西最大?"可能他心里预设的答案是"皇帝",但赵普回答说:"道理最大。"能够制约君权的大概只有这抽象的"道理"。而作为臣下,要在"道理"和君主的好恶之间作出选择,所依任的也只有历代圣贤提倡的道德人格。

15

司马穰苴：将在军，君令有所不受①

（穰苴）召军正问曰②："军法期而后至者云何③？"对曰④："当斩。"庄贾惧⑤，使人驰报景公⑥，请救。既往，未及反，于是遂斩庄贾以徇三军⑦。三军之士皆振栗⑧。久之，景公遣使者持节赦贾⑨，驰入军中。穰苴曰："将在军，君令有所不受。"问军正曰："驰三军，法何⑩？"正曰："当斩。"使者大惧。

——《史记·司马穰苴列传》

---

① 司马穰苴：春秋时期齐国人，田氏，与晏子同时，曾任齐景公的大司马。君令：君王的命令。不受：不接受，不奉命。

② 军正：军队中的执法官。

③ 期而后至：约好了时间，但误期不到。云何：怎么办。

④ 对：回答。

⑤ 庄贾：齐景公的亲信，任监军。他因为跟亲朋饮酒，而耽误了军期。

⑥ 驰报：骑着马赶去报告。景公：齐景公。

⑦ 徇：向众宣示。三军：按周的制度，天子六军，诸侯三军，这里是军队的统称。

⑧ 振栗：振奋，害怕。

⑨ 持节：拿着君王的符节。符节是用来示信之物。赦：宽饶。

⑩ 法何：按照军法应该怎么处置。

我们经常听说的是"将在外，君命有所不受"，意思是战斗的情况瞬息万变，指挥者应该当机立断，对于不切合实际情况的上级命令，即便来自君王，也可以不接受。因为君王处在远离战场的地方，不能及时了解情况。这个说法即便在君主专制时代，也早已成为公认的原则了。但追究它的来源，却是《史记》所载的司马穰苴之语："将在军，君令有所不受。"虽然字面上只有一点点差异，意思却完全不同。

"将在军，君令有所不受"，是先秦兵家首先确立的一个治军原则。也就是说，在军队里，一切以军法从事，由将军决定，不容任何外力干扰，即便是君王之命也不能改变军法的规定和将军的决心。这样的说法被认为正当，便是承认治军之事为一独立的领域，拒绝行政命令的干预——这是兵家在诸子百家中能够自成一家的最根本的基础。只要触犯了军法，不管是君王宠信的监军，还是临时派来的使者，都必须被处置。

这当然并不意味着军队是将军的独立王国，因为将军是由君王来任命的，而且军法本身也不妨改订，但在改订之前，仍必须严格执行。所以，兵家在这方面和法家也有相通之处。实际上，先秦时代之所以常在社会的某个特殊领域产生一家之说（兵家、法家、农家等），就是以承认该领域的相对独立性为前提的，由此出发才能总结该领域的特殊规律，并受到尊重。从这个角度来说，近代只有蔡元培先生被称为"教育家"，最符合先秦时代成"家"的本义，因为他一生都主张和力行"教育独立"。

子产：不如小决使道①

郑人游于乡校②，以论执政。然明谓子产曰③："毁乡校如何？"子产曰："何为？夫人朝夕退而游焉④，以议执政之善否。其所善者，吾则行之；其所恶者，吾则改之，是吾师也。若之何毁之⑤？我闻忠善以损怨⑥，不闻作威以防怨。岂不遽止⑦？然犹防川⑧，大决所犯⑨，伤人必多，吾不克救也⑩。不如小决使道，不如吾闻而药之也⑪。"

——《左传·襄公三十一年》

---

① 子产：春秋时郑国的执政，公孙氏，名侨，卒于公元前522年。决：河流决口。道：疏通。
② 乡校：乡里的学校。
③ 然明：郑国大夫鬷蔑的字。
④ 朝夕：早晚，意谓经常。退：工作完毕后。
⑤ 若之句：这样，为什么要毁掉它呢？
⑥ 忠善：忠于为善，一心做好事。损怨：减少怨恨。
⑦ 岂不句：意谓如果要用强硬手段去制止舆论，那也未尝不能立刻堵住大家的口。
⑧ 然犹句：但那种做法就同堵住河水一样。
⑨ 大决：河流的大决口。
⑩ 克：能。
⑪ 药之：用作治病的药，指听取意见，改正错误。

儒家经典对子产的记载，总体上是持肯定态度的，《孟子》称他为君子，《左传》记述了这段"不毁乡校"的故事后，也附录了孔子的评论，说："以是观之，人谓子产不仁，吾不信也。"这等于说子产是"仁"的。"仁"是孔子学说的核心概念，看来他对子产的评价是相当高的了。作为孔子的前辈名人，这位政治家恐怕经常是孔子和他的学生们谈论的话题。不过，照孟子的看法，子产最多也只是一个好人，还不是实行"王道"的理想人物。

"不毁乡校"当然并不意味着多大的民主意识，而只是如子产本人所说，怕众人的不满积累得太多，就会"大决"，不可收拾，所以"不如小决使道"，让大家经常可以出出气，不至于酿成太大的事端，还可以吸取某些有益的意见，何乐而不为。这至多是一种开明的专制而已，在后来的法家人物看来，并不是好办法。法家认为，必须严格地控制舆论，把敢于公开发表不同意见的人杀掉，才能建立上行下效的政治秩序，然后一个国家才能强大。

确实，子产并未能够挽救郑国走向衰落的命运，但他在郑国的一番作为，似乎还是受到了较多的关注，引起了郑国内外的人们较多的议论。究其原因，与其说是施政效果的显著，还不如说是那个时代的人们开始喜欢议论政治。换句话说，子产恰好遭遇了一个"舆论"开始兴起并发挥作用的时代。他治下的"乡校"，似乎不仅是一个师生教学的场所，还有很多人"朝夕退而游焉"，他们聚在一起议论执政，简直像个发表意见的广场或沙龙。我们由此也可以观察到古代"百家争鸣"的时代氛围。

邓析：以非为是，以是为非①

子产治郑，邓析务难之②。与民之有狱者约③："大狱一衣④，小狱襦裤⑤。"民之献衣、襦裤而学讼者，不可胜数⑥。以非为是，以是为非，是非无度⑦，而可与不可日变⑧。所欲胜因胜，所欲罪因罪⑨。郑国大乱。

——《吕氏春秋·离谓》

子产在郑国的施政，有一项引起争议的措施，就是"铸刑书"，

---

① 邓析：子产的同时人，后来被子产所杀。先秦书籍如《荀子》《吕氏春秋》等都把他视为诡辩家的代表。他应该是早期的名家思想家，或者说是名家的创始人。但现存的《邓析子》一书，一般认为是伪书。
② 务难之：专门跟子产为难。
③ 狱：诉讼。
④ 大狱一衣：意谓大的案件，只要一件上衣为代价，邓析就教他怎么钻法律的空子，让他胜诉。
⑤ 襦裤：下衣。
⑥ 不可胜数：数也数不清。
⑦ 无度：没有准则。
⑧ 日变：每天都有变化，随时改变。
⑨ 所欲二句：邓析想要让某人胜诉，他就能胜诉；想要证明某人有罪，他就有罪。

即由政府来制定法律条文，公布于全国，作为诉讼事务的共同准则。这可能是中国法制史的真正开端，但当时有很多人不以为然。晋国的名流叔向给他写信，说公开宣布法律，必然引来许多钻空子的人，你的郑国将要被你葬送了。子产礼貌地回了信，却没听他的。果然，擅长诡辩的邓析由此登上了历史舞台。既然有了最早的法律，就一定会有最早的律师，邓析实在是来得相当及时。

想来，子产公布的最早的法律，总不可能完善，邓析要钻空子来谋生，自也不难。但据《左传》记载，邓析其实自己也写了一部法律，叫做"竹刑"。他可能是想证明自己的法律比子产的高明，所以专门给诉讼者出主意，扰乱是非，以彰显现行法律的漏洞。据《吕氏春秋》说，子产被他闹得不行，只好将他杀了，才使社会安定下来。但《左传》的记载是，郑国后来终于采用了邓析的"竹刑"。

《吕氏春秋》把邓析扰乱诉讼的情形描写得十分严重，表明他的辩论很厉害。《荀子》列举了他的一系列诡辩之辞，有"山渊平，天地比，齐秦袭，入乎耳，出乎口，钩有须，卵有毛"等。邓析能证明山和渊是一般高的，天和地是一般低的，山东和陕西是接壤的，还说钩子也有胡须，鸡蛋也有毛，等等。至于"入乎耳，出乎口"，不知道是什么意思，大概因为人们常说声音可以入耳、出口，他便说，这证明耳朵里是可以跑进东西去的，嘴巴里也可以跑出东西来。不过，这实在是逻辑学的起源。逻辑学家制造出一些奇怪的命题，可能是为了把某种推论导向极致，但逻辑学本身的目的并不是为了淆乱是非，而是为了更精确地分辨是非。

史墨：社稷无常奉，君臣无常位①

赵简子问于史墨曰②："季氏出其君③，而民服焉，诸侯与之④，君死于外，而莫之或罪也？"对曰："物生有两，有三，有五，有陪贰⑤，故天有三辰⑥，地有五行⑦，体有左右，各有妃耦⑧。王有公，诸侯有卿，皆有贰也。天生季氏，以贰鲁侯，为日久矣，民之服焉，

---

① 史墨：春秋时晋国史官，又称蔡墨、蔡史墨，《左传》记载他的言论不少。社稷：土地神和稻谷神，代指国家。奉祭祀，此指举行祭祀的人，即国君，"无常奉"意谓主持祭祀的国君不会总是同一家人，也就是改朝换代的意思。

② 赵简子：赵鞅，晋国大夫，他的后代割据晋国的一部分，建立了赵国。

③ 季氏：鲁国大夫。出其君：逐出他的国君。由于季氏长久掌握鲁国的实权，鲁昭公于公元前517年讨伐季氏，失败后流亡国外，至公元前510年死于晋国境内。赵鞅与史墨的这番问答，就在鲁昭公死时所作。

④ 与之：赞同他（季氏）。

⑤ 物生四句：意谓事物都不是单独发生、存在的。陪贰，陪伴、副手。

⑥ 三辰：日、月、星。

⑦ 五行：木、火、土、金、水。

⑧ 妃：配。耦：偶。"妃耦"与上文的"陪贰"同义。

不亦宜乎？鲁君世从其失①，季氏世修其勤②，民忘君矣，虽死于外，其谁矜之③？社稷无常奉，君臣无常位，自古以然④。"

——《左传·昭公三十二年》

春秋后期，不但周天子管不了他的诸侯，各诸侯也大多管不了他们的大夫，鲁国的季氏，齐国的田氏，晋国的赵氏、韩氏、魏氏等，掌握的实权都已凌驾于国君之上，后来田氏终于篡夺了齐国的政权，而晋国也分裂为赵、韩、魏三国，时代便从春秋变成战国。在此之前，曾有不少人（如孔子）想挽救颓局，打破大夫擅政的局面，甚至幻想打破诸侯自立的局面，重新建立天子——诸侯——大夫那样自上而下的秩序，即所谓"君君臣臣"。他们的努力当然都归于失败。而史墨对赵鞅说的这番话，却肯定了季氏的擅权，甚至认为季氏完全有理由取代鲁君。因为"社稷无常奉，君臣无常位"，变化和更替本来就是历史的必然，所以只要能让百姓服从，没有许多人反对，大夫取代国君就不是什么罪行，被取代的国君也没有什么好可怜的。这个见解当然不太"忠厚"，但作为一个史官，这样的发言本来是可以理解的。

问题在于，史墨发言的对象是跟季氏一样具有野心的赵鞅，如果季氏在鲁国的行为被诠释为正当，那么赵鞅也不难在晋国做出同样的事。或许他向史墨发问的时候，原就怀着不轨之心。所以，后人读《左传》至此，大都认为史墨不该对赵鞅说这番话。

---

① 世从其失：好几代连着做错事。
② 世修其勤：好几代都勤勉于政事。
③ 其谁句：又有谁会可怜他（鲁昭公）呢？
④ 以然：已然，早就如此。

老子：战胜以丧礼处之①

兵者不祥之器②，非君子之器，不得已而用之。恬淡为上③，胜而不美④。而美之者，是乐杀人，夫乐杀人者，则不可以得志于天下矣。吉事尚左⑤，凶事尚右⑥，偏将军居左⑦，上将军居右⑧，言以丧礼处之⑨。杀人之众⑩，以悲哀莅之⑪，战胜以丧礼处之。

——《道德经》

---

① 老子：传说中比孔子略早的思想家，道家学说的创始人，著有《道德经》。丧礼：办理丧事的礼仪。处：对待。
② 兵：武器。
③ 恬淡：不热衷。
④ 美：意谓自鸣得意。
⑤ 吉事句：吉庆之事，其典礼上以左面的位置为尊。
⑥ 凶事句：凶丧之事，典礼上以右面的位置为尊。
⑦ 偏将军：率领一个分部的将军。
⑧ 上将军：主将。
⑨ 言以句：在战胜后举行的典礼上，地位低的偏将军站在左面，地位高的上将军站在右面，符合"凶事尚右"的原则，所以这就意味着战胜的典礼是一种丧礼。
⑩ 众：多。
⑪ 莅：到场。指以悲伤的心情参加战胜的典礼，因为战胜本身就意味着杀人之多。

战争是人类解决争端的最原始的方式，尽管有关战争的各种文化，如寻战理由、宣战方式、投入战争的武器、具体的战术以及战后的庆典或赔偿谈判之类，随着人类的历史而不断"进步"，但以战争来解决争端的方式本身，却直接自动物界秉承而来，了无进步可言。所以，人类也早就认识到这不是一种好的方式，而"反战"便成为最原始的人类思想之一，可以说"反战"思想是把人跟动物相区分的重要标志。

不管是否达到原初的目的，战胜的一方难免欢欣鼓舞，要举行胜利的庆典，这种情绪大概也跟动物相去不远。所以老子的以下说法，才是说出了"人话"：战胜以后举行的不应该是庆典，而应该是一种类似丧礼的仪式，参加者必须怀着悲痛的心情。这不但是追悼自己一方战死的"烈士"，而且是从根本上对"杀人"行为的忏悔。他说，如果为了战胜而高兴，那就是"乐杀人"，为了杀人而高兴，这样的情怀本身便是反人类的，"不可以得志于天下"。

以悲哀的心情参加胜利的典礼，这看上去不可思议的主张，其实是中国古代最闪耀出人性光辉的思想之一。在春秋、战国时代，这样的思想难免让人感到迂腐落伍，因为战争事实上已经成为争霸的必要手段，讲究战斗技术的"兵家"才是受到诸侯们欢迎的"有用之才"。但即便如此，老子从"杀人"的角度对战争的否定，对于当时的思想界显然起着深刻的影响，所以，先秦兵家思想的一个重要支柱，就是努力以避免战斗的方式来获取战争的胜利，所谓"不战而屈人之兵"。这才是反映出中国文明之高度的战争学说。

孔子：天之未丧斯文也，匡人其如予何①

　　子畏于匡②，曰："文王既没③，文不在兹乎④？天之将丧斯文也，后死者不得与于斯文也⑤；天之未丧斯文也，匡人其如予何！"

——《论语·子罕》

　　把孔子看作一个思想家，称他为儒家学说的创始人，是今人的定评，其实并不很符合他老人家的自我期待。虽然他确实留下了很多富有价值的观点，但在他本人看来，这不是他"创始"的学说，而是文王、周公以来中华民族的文化结晶，所谓"斯文"；他只是忠实地继承和复述着这礼乐文明的精神，所谓"述而不作"。生逢乱

---

①　孔子（公元前551—前479）：名丘，字仲尼，春秋末期思想家，儒学创始人。丧：毁灭。斯：此。文：指西周以来中华礼乐文明的精神。匡人句：匡人能把我怎么样呢？匡，春秋地名，在今河南。

②　畏于匡：据《史记》云，阳虎曾在匡地作恶，而孔子的长相与阳虎相似，所以被匡人误认，将他围起来。畏，此指陷入令人畏惧的境地。

③　文王：周文王。没：殁，去世。

④　兹：此，指孔子自己。

⑤　后死者：也指孔子自己。与：参与，此谓掌握、领会"斯文"。

世，礼崩乐坏，传统遭遇着断层的危险，但他相信这个文化不会灭亡，因为它是以前的圣人"远取诸物，近取诸身"，根据自然规则和人类性情创造出来的，所以敬天亲人，一定能与天地相终始。基于这样的信念，他把掌握和延续这个文化看作自己的使命。而乱世的堕落景象，很容易使信念坚定的人产生孤独感，因此，他认为自己是唯一能够完成文化延续之使命的人。那么，一身虽然至小，其生死存亡却关系着中国文化的断续了。如此重大的生命，当然只能由天意来决定其命运，世人的误解或者威胁，种种不利，又有何惧？所以，在匡地遇到了危险时，他说："如果天意要毁灭这个文化，就不该让我掌握这个文化；如果天意还没有要毁灭这个文化，那匡人能把我怎么样呢？"可谓语出惊人，令人们觉得"圣人气象，果然与常人不同"。

实际上，凡是使命感比较强而且自信的人，对这段话肯定会有同感。孟子曾经听一个鲁国的朋友说："本来我向国君推荐你，国君也将要召见你了，只因被小人臧仓说了坏话，致使你见不到国君。"孟子当下就答："吾之不遇鲁侯，天也，臧氏之子焉能使予不遇哉！"他的命运是天决定的，见不到鲁君是天意，那姓臧的家伙算个什么东西。此语跟孔子之言如出一辙。当然，孟子也是圣人。其实圣人也不是那么遥不可及，就儒学的立场来说，是每一个平常人都可能成为圣人的，因为中国的圣人从不教人去做不可能做到的事，他们只教人去做那些可能做到而一般人不去做的事。

墨子：口言之，身必行之①

告子谓子墨子曰②："我治国为政。"子墨子曰："政者，口言之，身必行之。今子口言之，而身不行，是子之身乱也③。子不能治子之身，恶能治国政④？子姑亡，子之身乱之矣⑤。"

——《墨子·公孟》

我们平常说一个人要"言行一致"是道德方面的要求，说的和做的不要自相违背而已；至于一个人所提出的学说，乃至具体的意见，是否都必须一一亲身去实行，那完全是另一回事。墨子的"口言之，身必行之"，并不是一般的道德教诲，而是真正属于墨家的重

---

① 墨子：名翟，《史记》说他是春秋时宋国的大夫，与孔子同时或稍后。现存的《墨子》一书，有部分篇章记载了他的言行，但也有不少篇章出于其后学之手。
② 告子：与墨子同时的儒家人物。子墨子：墨子的学生对老师的尊称。
③ 子之身乱：意谓你的身上出现了行为和言论不同步的混乱现象。
④ 恶能：怎么能。
⑤ 子姑亡二句：意谓你的身体总是跟言论不同步，不照你说的去做，所以说了也是白说，还是不要说了。姑亡，姑且不要再说（治国为政的事）。

要思想，就是"躬行"。不说则已，说了就务必亲身去做，这远远超出了道德方面"言行如一"的范围。墨子的意思是，凡自己不可能亲身去做到的事，说也不要说。这个主张是很极端的。

不过，墨子就是这样的一个人，他是言出必行的。史载其"摩顶放踵"，就是披头散发、赤着脚，一副实干家的作风。他也多才多艺，能够从事大量的实际工作，解决许多问题。对于那些放言高谈的人，他总会用具体的技艺去折服他们，说你连这个也不会，那些就不用谈了吧。——当然这并不意味着他的思想只停留在经验和技术上，他其实也善于总结规律，得出了不少科学性的结论。在人文社会方面，他坚信神的存在，宣扬博爱，并为反战而奔走一生。他力图用他认为可以实行的主张去造福社会，而且希望看到实际的效果，所以对儒家的某些脱离现实的主张嗤之以鼻。

用现代的话来说，墨子的思想有点像胡适在五四时期提出的"多研究问题，少谈主义"。它确实会排斥某些高远的社会理想，因而不可能成为真正的指导思想，在社会急剧动荡、前途未卜之时，如此"躬行"的积累也决不能预示发展的方向。但反过来，这个思想也许永远有它的市场，因为讲究实效总是能够受到欢迎的，而且，当另外一种思想成为教条之时，讲究实效就是思想解放的必经之途。可以证明这一点的是，曾经与墨家针锋相对的儒家学说，后来也吸收了墨家的不少主张，甚至在儒家的内部，也产生了强调所谓"躬行"的一派，清初的颜元、李塨就是以此著名的。

孙武：兵者，诡道也①

兵者，诡道也。故能而示之不能②，用而示之不用，近而示之远，远而示之近；利而诱之③，乱而取之④，实而备之⑤，强而避之，怒而挠之⑥，卑而骄之⑦，佚而劳之⑧，亲而离之⑨；攻其无备，出其不意。此兵家之胜，不可先传也⑩。

——《孙子兵法·计篇》

---

① 孙武：春秋末期军事家，齐国人，后入吴国为将。他是中国军事理论的奠基人，著有《孙子兵法》。诡道：指出奇制胜的诡诈行为。

② 示之：向敌人表现出。

③ 利而句：意谓制造一个令敌人以为有利可图的假象，来诱惑他们。

④ 乱而句：扰乱敌人，以便取胜。

⑤ 实而句：充实自己的力量，以防备对方的打击。

⑥ 怒而句：令敌人发怒，又挫败其图谋，不让其实现目的。

⑦ 卑而句：故意显示谦卑害怕的假象，让敌人骄傲。

⑧ 佚而句：针对敌人充分休整的情况，设法让他们运动，使其疲于奔命。

⑨ 亲而句：针对敌人之间配合亲密的情况，就使用离间之计，让他们自相猜疑。

⑩ 不可先传：不可事先言传。意谓只可意会，临时发挥。

比克劳塞维茨《战争论》早了两千多年的《孙子兵法》，一直被誉为"兵学圣典"，目前还是世界上许多军事院校的必读书。如果要用一句话概括这部兵书的特点，那就是强调计谋。相比之下，武器的改进、供给的保证、情报的获取、士气的鼓动、兵种的配备和训练、战斗的队形或序列等，就都显得次要。计谋在战争中成为决胜的关键，这可能也是中国传统战争观的重要特点，它使战争显示出最大的游戏性，使战斗成为指挥员的智力较量，使战场成为其指挥艺术的表演舞台。从而，这也使中国的"兵家"远远超越了一般战争经验的总结或战争规律的阐述，而成为一种极具人文内涵的思想。

所谓计谋，归根到底就是要诱导敌人作出错误的判断，所以必须制造假象。如果军事行动以这种计谋即对敌人的误导为核心要素，那么军事行动就是彻头彻尾的"诡道"。孙子列举了一连串这样的"诡道"：隐藏能力，让敌人以为我不能；隐藏目的，让敌人以为我无意于此；事实上已经迫近，却声言还在远处；事实上还在远处，却声言已经迫近等。如此诡诈的运作，要达到的效果是：在敌人最无防备之处、最意想不到的时候实施攻击。这样便产生了许多"以少胜多""以弱胜强"之类的极具故事性的战例。但可想而知，此类计谋，在本质上就是反规律的，绝无现成教条可以秉承，所以说只可意会，不可言传。

其实，在强调情报准确性和武器科技含量的现代，一支军队的能力和真实目的无法隐藏起来的情况下，从前的那些所谓计谋未必能有效地误导敌人，很可能变成徒劳。但"兵者，诡道也"，依然是思想史的重要遗产，因为它在儒家的诚信世界之外，铸造了另一个讲究诡诈的世界，被儒家从其社会蓝图以及个人精神空间中摒除出去的道德负数，到这里都成了正数，派上了正当的用场。几乎可以说，当儒家指引着人性的"善"去建构人间天堂的时候，兵家却把"恶"的因素导向了有意义的运作，使"恶"也成为一种创造文化的动力。这带毒的罂粟，一直如此娇艳地绽放着，成为非常灿烂的一道风景。

计然：贵出如粪土，贱取如珠玉[①]

以物相贸[②]，易腐败而食之货勿留，无敢居贵[③]。论其有余、不足，则知贵贱[④]。贵上极则反贱[⑤]，贱下极则反贵。贵出如粪土，贱取如珠玉，财币欲其行如流水[⑥]。

——《史记·货殖列传》

越王勾践卧薪尝胆、报仇雪耻的故事，我们都很熟悉；美女西施只身入敌、媚惑吴王的传说，我们也都曾听闻；但真正令越国走向富强的并不是这尝胆戏、美人计，而是计然的商品经济思想。在

---

① 计然：春秋末晋国王室之后，南游越国，为越王勾践谋臣范蠡之师。据司马迁《史记》说，计然的经济政策为越王勾践的"十年生聚"奠定了物质基础。贵出：货物价格高的时候要及时出卖。如粪土：谓不珍惜。贱取：货物价格低的时候要及时购买。

② 相贸：相互买卖。

③ 无敢居贵：不要留着贵的东西不肯出售。

④ 论其二句：意谓货物并没有固定的贵贱，它是由供需关系决定的，多余的时候就贱，不够的时候就贵。

⑤ 贵上句：货物的价格贵到了极点后，就会回转到最贱（这是因为："不足"导致了"贵"，而"贵"会导致"有余"，"有余"便导致"贱"）。

⑥ 财币：财物。行：流通。

那个普遍只知道积聚的时代，计然成功地倡导了流通，他使一个出产和生产都很有限，而且地处偏僻的国家依靠商品流通而成为一代霸主。这是一个值得追忆的历史奇迹。这个奇迹一直被尝胆戏和美人计掩盖起来，以至于少有知者。

在今天的人们看来，计然说出了有关商品贸易的基本理念，但就其经济政策的推行来说，计然所面对的最大困难，可能还在于权力者的占有欲。他必须设法说服越国的国王和大夫们不要"居贵"，就是收藏着珍贵的货物不肯出手。按照通常的思路，这是积聚财力的唯一办法。所以他必须强调，贵贱不取决于货物本身，而取决于它是"有余"的还是"不足"的。为了保证更多的财富进入流通领域，权力者应该牺牲他们的占有欲，要"贵出如粪土"，这并不是一件容易做到的事。反过来，要让他们"贱取如珠玉"可能也有同样程度的困难。据说，计然的学生范蠡后来离开越王勾践，成为有名的商人，也许便依靠了老师的商品理论。但那是个人的事，相比之下，要让一个国家的统治阶层全体接受这种理念，使他们的政府依此运行商品经济，其艰难的程度是可以想象的。可惜的是，我们竟不知计然付出了怎样的努力，才成功地创造了一个经济奇迹。

事实上，在计然身后，历朝历代也很少有理解"流通"的君相，一般依然以仓库积聚的丰厚与否来衡量国力的强弱。"积聚"是比"流通"远为根深蒂固的观念，或者说偶尔的"流通"也只是牟利的手段，"积聚"才是最终目的。比如，北宋王安石的"新法"大致可以说是主张"流通"的，但其结果只是令宋神宗更大地满足了"积聚"的欲望。

曾子：修身齐家治国平天下①

古之欲明明德于天下者②，先治其国；欲治其国者，先齐其家；欲齐其家者，先修其身；欲修其身者，先正其心；欲正其心者，先诚其意；欲诚其意者，先致其知③。致知在格物④。物格而后知至，知至而后意诚，意诚而后心正，心正而后身修，身修而后家齐，家齐而后国治，国治而后天下平。

——《礼记·大学》

这一套从我做起，端正个人，渐渐推广至家、国，最后平定天

---

① 曾子：名参，字子舆，孔子的弟子。据《史记》说，他比孔子小四十六岁，是孔门弟子中最小的，著有《孝经》。现在《礼记》中有《大学》一篇，南宋以来被奉为"四书"之一，其中引述了曾子的话，所以宋儒认为《大学》是曾子的弟子对老师言论的记述，反映了曾子的思想，甚或还包含了曾子的文字。修：修养。齐：整治。家：家庭、家族，或领地。国：诸侯国。平天下：使天下太平。

② 明明德于天下：把高尚的道德推广到天下，就是治理天下的意思。

③ 致其知：获得认识。

④ 格物：正确地认识事物。

下的理论,被称为"大学之道",或者说"修齐治平之学"。虽然这样的政治理论看起来有些一厢情愿,但至少可以理解为一种良好的作风。其实,从"修身"开始,到"齐家""治国""平天下",这个逐步推广的思路还是很容易理解的;问题是"修身"之前还有"诚意""正心"等关于一个人内在的精神性方面的功夫,被认为是更为根本的。所以,在向外推广之前,似乎先要向内深深地开掘,细细地反省。《论语》记载曾子的话说:"吾日三省吾身。"每天都要多次反省一下自己。看来,《大学》的理论确实跟曾子的思想作风有着密切的关系。当然,重视行为的思想基础,本来也符合儒家的特点,他们主张的"内圣外王",就是以内在的道德境界为根基,去向外施行王道的。

但问题还不止于此,在"诚意""正心"之前,又尚有"格物""致知"一层,那才是最初的起点。因此,关于这"格物""致知"的含义,曾经引起不小的争论。汉儒郑玄把"格"解释为"来",大概是把事物放在目前进行研究的意思,宋儒司马光认为"格物"是摒除外物的干扰,意思正好相反。程朱理学认为"格物"就是"穷理",即在每一个具体的事物上穷追猛打,追问出最普遍的终极原理,因为这终极原理在每个具体事物中一定都有体现。这个说法在道理上最为精密,因为"格物致知"的认识活动中,如果得到的是粗浅的、甚至错误的认识,就不可能随之达成"知至、意诚、心正"乃至"天下平"的效果。虽然先秦时的认识论不可能像朱熹说的那么透彻,但"格物致知"显然不光是认识事物的意思,而且还包含了"正确地认识事物"的意思。在因果关系中,因总是包含着果,既然最后的结果是"天下平",那么作为最初的因,"格物"所得的"知"应该已经包含了"平天下"的原理。

杨朱：且趣当生，奚遑死后①

杨朱曰：万物所异者生也，所同者死也。生则有贤愚贵贱，是所异也；死则有臭腐消灭②，是所同也。虽然③，贤愚贵贱非所能也④，臭腐消灭亦非所能也。故生非所生⑤，死非所死，贤非所贤，愚非所愚，贵非所贵，贱非所贱。然而万物齐生齐死⑥，齐贤齐愚，齐贵齐贱。十年亦死，百年亦死；仁圣亦死，凶愚亦死。生则尧舜⑦，死则腐骨；生则桀纣⑧，死则腐骨。腐骨一矣，孰知其异⑨？且趣

---

① 杨朱：又叫阳子居，大约生活于春秋、战国之交，晚于墨子而影响相当，并称"杨墨"。但据孟子的说法，他们的思想正好相反，墨子倡导博爱，而杨朱教人们只爱自己。且趣二句：意思是做人先只顾活着的时候，哪里来得及考虑死后的事。

② 臭腐消灭：指人死以后，尸体发臭、腐烂、消散、灭亡。

③ 虽然：尽管如此。

④ 非所能：不是人的主观能力所为。

⑤ 生非所生：人的生存并不是因为他主观上要生存。以下几句同理，都是上文"非所能"的具体展开。

⑥ 然而：这样，就。齐：等同。

⑦ 尧舜：上古的圣君。

⑧ 桀纣：夏、商的末代暴君。

⑨ 孰：谁。其异：谓其生前有"仁圣"与"凶愚"之不同。

37

当生,奚遑死后。

——《列子·杨朱》

我们相信,任何时代都不缺乏高尚的人,乐意为人类社会的进步贡献他的能力和生命,但我们当中有谁能否认杨朱在这里说出的人类生死的实情呢?"死"的确是对生存的人们所固守的所有价值的一票否决,而且不可避免,因此杨朱教人们要爱护自己,不要为了外在的价值寻求而损害自己,因为那些价值,如名气、富贵之类都是假的,只有自己生命的流逝才是最真实的事情。把这种只爱自己的想法发挥到极端,就是孟子概括的:"杨子取为我,拔一毛而利天下,不为也。"被杨朱所关心的,始终只有一个"我",即便拔下一根毛就能让普天下的人受益,他也不愿意。因为天下的别人怎么样,根本就不是他所关心的事。

对极端利己主义的反驳,并不是一件很困难的事,因为人们共同生活在这个世界上,假如你一点都不肯做有利于别人的事,那么自己又如何从别人那里受益呢?不过,我们显然并不掌握杨朱学说的全部内容,认为他丝毫不考虑人类互相依存的境况,是难免武断的,也许他在这方面另有说法,只是我们不知道而已。他在这里教人们只关心生前的事,不考虑死后,也并不意味着他以为一个人生前可以干尽坏事。总之,杨朱"为我",并不一定是教唆"损人"。

最合适跟杨朱思想进行对比的,应该是印度的原始佛教思想,所谓"小乘"。由于领悟了"死"的一票否决性,佛陀得出了生命空虚的结论,认为应该放弃对个体生命的执着,而杨朱则恰恰相反。

子思：上不怨天，下不尤人①

君子素其位而行②，不愿乎其外③。素富贵行乎富贵，素贫贱行乎贫贱，素夷狄行乎夷狄④，素患难行乎患难，君子无入而不自得焉⑤。在上位不陵下⑥，在下位不援上⑦，正己而不求于人⑧，则无怨。上不怨天，下不尤人。故君子居易以俟命⑨，小人行险以徼幸⑩。

——《礼记·中庸》

① 子思：孔子的孙子，名伋。他是孔子门人曾子的学生，也是孟子的老师或太老师。据司马迁《史记》说，子思在宋国写了《中庸》。现在《礼记》里有《中庸》一篇，自南宋以来被奉为"四书"之一。尤：责备，埋怨。
② 素其位而行：即按照目前所处的职位来行道。素，现在。
③ 愿：羡慕。乎：于。其外：指现在所处的职位之外。
④ 夷狄：非汉族的周边民族。
⑤ 无入而不自得：不管进入什么样的环境，都能保持内心的自由。
⑥ 上位：较高的地位。陵下：欺负地位低的人。
⑦ 援上：攀援、讨好地位高的人。
⑧ 正己：端正自己的思想和行为。
⑨ 居易：处在平地，此指安于环境。俟命：等待命运。
⑩ 行险：走在险峻的路上，指不走正道。徼幸：追求不应该得到的东西。

"中庸"是儒家的行为准则,但什么是"中庸",历代学者的解释却纷繁复杂。在《中庸》一篇里,有时把人的内心叫做"中",这是与"外"相对的;但有时也指外在事物的某种适当状态,即跟两个极端相对的"中"。综合来看,用内心的"中"去思考和遵循客观事物的"中",大约就是《中庸》所提倡的精神。如果说,了解客观事物的"中"需要学习,那么保持内心的"中"就是自我修养的功夫。相比之下,《中庸》更注重的实在是这内心修养的方面,它要求人们在任何环境下都能安心自得,在任何职业上都能遵循适当的方式,既不埋怨命运或他人,也不用反常的行为去引起别人的注意。这就叫"居易以俟命"。

后来孟子举过一个例子,他说:大舜在家里耕田的时候,吃粗饭,咬菜根,就打算这样过一辈子;等到当了天子,穿着华美的衣服,弹着琴,由帝尧的两个女儿侍奉着,他也仿佛生来就是如此。这就叫"宠辱不惊",内心并不为所遇环境的好坏而波动,只是一贯地遵循着适当的道理去做。所以既不讨好上级,也不傲视下层,做一个不卑不亢的平常人。即使做了天子,也还是一个平常人。

自然,这种内心修养的功夫,还是以学习和掌握客观事物的"中",即适当的方式为基础的。只有相信任何事物都有适当的道理,并加以把握和遵循,才能做到安心自得。

商鞅：能制天下者，必先制其民①

以战去战②，虽战可也③；以杀去杀④，虽杀可也；以刑去刑⑤，虽重刑可也。昔之能制天下者，必先制其民者也；能胜强敌者，必先胜其民者也⑥。

——《商君书·画策》

据《史记》记载，商鞅初见秦孝公，接连谈了三次。第一次，他讲了道家的"帝道"，孝公一听就打瞌睡；第二次，他讲了儒家的

---

① 商鞅：战国中期的法家政治家，卫国国君之后，原称"卫鞅"或"公孙鞅"，由于辅佐秦孝公变法，被封为商君，故名"商鞅"。他的学说记录在《商君书》中。制：控制。其民：指当时诸侯国内的民众。意谓先要运用法术严厉地控制国内的民众，上下一致，才能有效地对付外敌，从而争霸天下。

② 以战句：用战争的办法来消灭战争。意思是，在诸侯纷争的情况下，只有出现了一个绝对强大的霸主，足以控制天下，才能使大家不敢再战。

③ 虽：即使。

④ 以杀句：用杀人来消灭杀人行为，指严厉惩办凶手，使民众不敢再犯罪。

⑤ 以刑句：用刑罚来消灭刑罚，意谓严格地执行法律，以制止违法行为。

⑥ 胜其民：谓国家的意志胜过民众的欲求，即强权政治。

"王道"，孝公略感兴趣，但仍觉得不够实用；第三次，他讲了法家的"霸道"，孝公就听得津津有味，从此开始了他们的合作。可见这二人并非一拍即合，我们由此也领略到商鞅的可怕之处：他对于道、儒之说也十分谙熟于胸，如果秦孝公喜欢，他同样可以把那两套玩得转，历史上或许便会留下一个作为道家或儒家思想家的商鞅；但既然秦孝公喜欢"霸道"，他便让自己成为一个极端的法家思想家和政治家。这种情况在春秋时代是无法想象的，但在战国时代就有可能。知识人准备了不止一套的学说，寻找出售的对象。所以，不但是商鞅的法治造就了秦孝公的崛起，在很大程度上，也是秦孝公造就了思想特色鲜明的商鞅。

受现代民主观念影响深刻的人们，对商鞅所倡导的这套内行专制、外争霸权的强权政治，自然会在恐惧之余，感到厌恶。但商鞅在当年所取得的巨大成功，却是不可否认的历史事实。好在这段历史已经离我们相当遥远，让我们可以用平静的心态去观察一个极端专制国家的惊人力量，思考这是否是一个文化上总体落后的族群在历史上崛起的必经之途。商鞅认为，民众们各有各的愿望和利益，而且贤愚不同，大部分人都很没有远见，只有短浅的自私自利，所以根本就是一盘散沙，只有用严厉的法治将民众统一在国家的意志之下，才能凝聚为巨大的力量。必须注意的是，他所说的"法"不是现代法理学意义上的社会契约，而是国家用来控制民众的自上而下单方面制定的规矩，体现的纯粹是君王的强权意志。在他看来，不能"先制其民"的国家，根本就没有跟他国较量的实力。

据说，商鞅最后"作法自毙"，当他失去国君的信任时，他的"先制其民"的国家不能提供任何一个角落，可以让他躲避国君的迫害。

孟子：由仁义行，非行仁义也[①]

孟子曰：人之所以异于禽兽者几希[②]，庶民去之[③]，君子存之[④]。舜明于庶物[⑤]，察于人伦[⑥]，由仁义行，非行仁义也。

——《孟子·离娄下》

苹果、菠萝、鸭梨都是水果，都具有水果性，就是水果这一类东西跟其他东西相区别的特性；进一步，什么是苹果性呢？那应当是苹果与其他水果相区别的特性，但这种区别相比于苹果跟其他不是水果的东西的区别来说，当然是很小了。同样，人、狗、鸟都是动物，都具有动物性，但若进一步讲人性，就应当指人跟动物相区

[①] 孟子（约公元前372—前289），名轲，战国时代的儒家思想家，后来被奉为儒家的"亚圣"。他的学说反映在《孟子》中，是他的弟子们记录的。由仁义行：按照仁义行动。行仁义：施行仁义。

[②] 人之所以异于禽兽者：人跟动物的区别，即人性。几希：很少，很小。

[③] 庶民：一般人。去：忽略，丧失。

[④] 存：这里指通过内心反省的方式来保存自己的人性。

[⑤] 庶物：众多的事物。

[⑥] 人伦：人际关系所体现的道理。

别的特性，而这种区别比人跟其他不是动物的东西的区别，也自然要小得多。所以，"人之所以异于禽兽者几希"，是完全符合逻辑的结论。虽然是"几希"，但人性就在这"几希"上。当然应该时时反省和保存之，那么做事才能有人味，才是做人。即便我们对人性的具体内容的理解未必跟孟子相同，但这一个思路是可以赞同的，这一点毫无疑问。

在孟子看来，"几希"的人性就是"仁义"。什么是"仁义"？仁是爱人，义是合理。也许很多人更爱自己家里的狗，但从正常的情况来说，人最爱的仍应是自己的同类：人。反过来说，会爱人的也只能是人，总不能让狗来爱人。至于合理，那是由人对事物的认识水平所决定的，而这种认识能力也是人所特有的。所以，"仁义"确实是人区别于动物的特性。姑且不论"仁义"是否足以概括人性，要说"仁义"是人性的内容，则也毫无疑问。

按孟子的逻辑，"仁义"既然是人性，就是每个人生来便具备、而且必然具备的东西，那么，只要按照这生来具备的"仁义"去做就行了，用不着太矫揉造作。同时，按照"仁义"去做也只不过是人的本分，谈不上特别地施行仁义。

剩下来的事，就是像大舜那样，"明于庶物，察于人伦"。因为对事物的认识越丰富、越明白，就越知道怎样是合理的；对于人伦关系的了解越细致、越体贴，就越懂得怎么去爱人。如此看来，孟子这一段话确实是逻辑严密，称得上滴水不漏了。可以说，有了孟子，儒学才成为一种像样的理论，不是道德说教的堆积了。难怪他自己也觉得："当今天下，舍我其谁！"

许行：市价不贰①

市价不贰，国中无伪，虽使五尺之童适市②，莫之或欺③。布帛长短同，则贾相若④；麻缕丝絮轻重同，则贾相若；五谷多寡同⑤，则贾相若；屦大小同⑥，则贾相若。

——《孟子·滕文公上》引

春秋时代的计然早就指出："论其有余、不足，则知贵贱。"即商品的价格是由供需关系来决定的。相比之下，战国时代的农家还坚持这套"市价不贰"之说，不能不说是相当地落后了。不过，学说本身的先进、落后是一回事，它能否反映和表达出多数人的愿望又是另一回事。厌恶讨价还价或不善于讨价还价的人，对于统一价格的学说多少会感到同情，甚至认为理该如此。所以，战国时代的

---

① 许行：与孟子同时的农家思想家，有关他的记载只见于《孟子》书中。市价：市场上买卖的价格。不贰：统一。
② 五尺之童：五尺高的小孩子。春秋时一尺约合今六寸。适市：到市场上。
③ 莫之或欺：没有人欺骗他（小孩）。
④ 贾：价。相若：相同。
⑤ 五谷：谷物的统称。多寡：多少。
⑥ 屦：鞋子。

农家仍然有不少追随者。如果我们认为农家是代表农民的一派,那么对于中国大地上占绝对多数人口的农民们来说,"市价不贰"至今依然是他们的合理愿望吧。

令人费解的是孟子对这个说法的反驳,他说:"巨屦小屦同贾,人岂为之者?从许子之道,相率而为伪者也。"自汉代以来,注释者都把"巨屦小屦"理解为粗糙的鞋子和精细的鞋子。那么,孟子针对许行说的"屦大小同,则贾相若",提出大小之外还有质量问题,来作反驳。如果不管质量而只管大小,大家就都去造假货了。这样理解下来,孟子几乎是强词夺理,因为许行虽然只说长短、轻重、多寡、大小相同的东西应该价格相等,但如果不以辞害意,当然应该是在质量相同的前提下而言的。如果认定许行只管数量不管质量,那倒确实很容易反驳,然而如此反驳,其实无效。想来许行和孟子都不会如此鲁莽,所以,问题可能出在注释上。孟子的"巨屦小屦"按照字面意思原也可以理解为大鞋和小鞋,也就是说,孟子并未另外提出质量问题,而仍在大小的问题上讨论。孟子也许是说:很多时候大小相同的鞋子并不等价,而大小不同的鞋子倒是价格相同的,但这并不是有人规定它们价格相同,而是买卖中自然发生的现象,如果一定要按大小来一一规定价格,就太不自然了。

事实上,在今天的商店里,尺码不同的同一种鞋子价格相同,是常有的事,可能战国时代也有这样的情况。照许行的机械算法,这就不够公平,因为脚大的人占了便宜。那可怎么才好呢?如果大家都要让自己的钱发挥最大的用处,就都要去买最大的那个尺码,可是大家的脚都有那么大吗?——孟子大概就是从这个角度反驳许行的。

宋子：明见侮之不辱，使人不斗[①]

  子宋子曰[②]：明见侮之不辱，使人不斗。人皆以见侮为辱，故斗也。知见侮之为不辱，则不斗矣。

——《荀子·正论》

  宋子应该是战国中后期影响很大的一个思想家，所以儒家、道家、法家的诸子都提到过他。而且，他还可能是荀子的老师。不过，对宋子的批判，也以荀子为最甚，说他的学说只能"欺愚惑众"，骗骗那些愚蠢的人。大概荀子跟他学习的时间比较早，后来自己变得聪明了，就不再被他惑。当然荀子并没有抹煞这段学习的经历，在书中还称他为"子宋子"。如此看来，荀子对待宋子的态度，倒颇有一点"我爱我师，我更爱真理"的精神。在"百家争鸣"的时代，这种态度是可以受到肯定的。

  春秋时代的越王勾践，是个"忍辱负重"的典范，但他"忍辱

[①] 宋子：战国中期的思想家宋钘，或称宋牼（kēng）、宋荣子。在《孟子》《庄子》《荀子》《韩非子》中都曾提到他，《汉书·艺文志》把《宋子》归在小说家，但这部《宋子》没有流传下来。明：认识清楚。见侮：被欺侮。不辱：不感到羞辱。

[②] 子宋子：古书中一般称自己的老师为"子某子"，这个称呼可能表明荀子曾跟从宋子学习，但《荀子》书中对宋子的说法多持批判态度。

负重"的目的是为了报仇；战国时代的宋子提倡"见侮不辱"，却是没有报复目的的"忍辱负重"。按宋子的说法，人们之间之所以有斗争，是因为觉得自己被对方得罪了，感到羞辱，于是寻求决斗；如果对别人的欺侮不感到羞辱，就不会有斗争了。这样的心胸，看来有点像阿Q的祖宗，但宋子的这番说教，可能是为了推出他的一种更大的主张，如《庄子》所概括的那样，"见侮不辱，救民之斗；禁攻寝兵，救世之战"，从而"愿天下之安宁，以活民命"。他教人们消灭争斗之心，是为了在这个基础上，进一步教国家消灭军队，教天下消灭战争，从而让大家可以活得下去。可以相信，在战争频繁、民不聊生的时代，宋子这并不严密的学说，却表达了社会的良心和大多数普通人的愿望，其影响是不言而喻的，孟子、庄子、荀子、韩非子这些大家都不能绕过他，完全是可以理解的。

虽然立说的角度各自不同，但"反战"这一点几乎是先秦诸子所共同的，不用说墨家的"非攻"和道家的"无为"都不主张战争，儒家的"王道"也是以道德影响取代征伐，甚至兵家也以"不战而屈人之兵"为用兵的最高理想。可能法家最不惮于战争，但商鞅的表达仍是"以战去战，虽战可也"，即便是战争本身，也具有消灭战争的目的。但这些"反战"之论，都没有像宋子那样深入人们发生争斗的心理基础，都没有像他那样试图在大众心理学的层面上解决问题，当然就没有他那样广泛的影响。而且，宋子不光是嘴上这样说，他也付诸行动。据孟子说，他曾在路上遇见宋子，那时秦国和楚国要打仗，宋子准备去说服楚王不要打。虽然连孟子也知道这样的奔走几乎毫无用处，但值得尊敬的宋子确实是在为反战而奔走的。

庄子：安知我不知鱼之乐①

庄子与惠子游于濠梁之上②，庄子曰："鯈鱼出游从容③，是鱼之乐也。"惠子曰："子非鱼，安知鱼之乐？"庄子曰："子非我，安知我不知鱼之乐？"惠子曰："我非子，固不知子矣④；子固非鱼矣，子之不知鱼之乐，全矣⑤。"庄子曰："请循其本⑥。子曰'汝安知鱼乐'云者⑦，既已知吾，知之而问我。我知之濠上也。"

——《庄子·秋水》

这一段"濠上之辩"，称得上是古代最富有智慧的辩论了。据唐代的注释者说，凤阳的濠水边上，一直保存着庄子和惠子出游的遗

---

① 庄子：战国中期道家的代表人物，名周。他的思想被记录在《庄子》一书中。安知：怎么会知道。
② 惠子：与庄子同时的名家思想家，名施，当过魏国的国相。在《庄子》中，他是庄子的主要辩论对手。濠：河流名，在今安徽凤阳。梁：桥。
③ 鯈：白鱼。从容：自在的样子。
④ 固：固然。
⑤ 全矣：全然如此，表示非常肯定的判断。
⑥ 请循句：让我们回到头上来说。
⑦ 云者：这样的说法。

迹，而且庄子的坟墓也留在了那里。

不过，辩论的内容确实有些费解，以至于很多人认为这是一场诡辩。实际上这不是诡辩，而是对于"知"，即人们对事物的认识是否可能这一根本问题进行了精彩的辩论。惠子在这里是持不可知论的立场，他的逻辑是："知"根本就是不可能的，因为每两个不同的个体，互相都不可能知道对方。惠子既然不是庄子，当然就不知道庄子；而庄子既然不是鱼，也就不能知道鱼。他自以为这样的说法在逻辑上很一致，"全矣"，殊不知他的前一句与后一句之间存在着不易察觉的矛盾，恰好给庄子抓个正着。

在只有两个个体出现的场合，不可知论认定 A 不知道 B，B 也不知道 A，这似乎没有问题。然而一旦出现第三个个体 C，不可知论便将处于窘境。比如对于 A 来说，A 不知道 B、不知道 C 都没有问题，但对于 B 是否知道 C，A 就难以回答。按照"不可知"的原则，A 应该认定 B 不知道 C，但这样一来 A 就对 B 有所知道了；在 A 不知道 B 的前提下，对于 B 是否知道 C 的问题，A 只能回答"不知道 B 是否知道 C"，但这就不能坚持"不可知"的原则。所以，不可知论包含了内部矛盾。

庄子巧妙地抓住了这个内部矛盾：惠子只能坚持说他不知道庄子，却不可以对庄子是否知道鱼的问题作出确定的回答。当惠子判断庄子不能知鱼的时候，他已经知道了庄子，那么，庄子为什么不能知鱼呢？

公孙龙子：白马非马[①]

马者，所以命形也[②]；白者，所以命色也。命色者非命形也，故曰白马非马。……求马，黄、黑马皆可致[③]；求白马，黄、黑马不可致。使白马乃马也[④]，是所求一也。所求一者，白者不异马也[⑤]。所求不异，如黄、黑马有可有不可，何也？可与不可，其相非明[⑥]。故黄、黑马一也，而可以应有马[⑦]，而不可以应有白马。是白马之非马，审矣[⑧]。

——《公孙龙子·白马论》

当我们说"王大是丁二的哥哥"时，这个句子中的"是"了可

[①] 公孙龙子：生活在公元前3世纪，战国名家思想家。据说他擅长诡辩，留下了数万言诡辩之辞，但现存《公孙龙子》一书只有一千余字。
[②] 所以命形：用来指形体而言。
[③] 致：来。
[④] 使：假如。
[⑤] 白者：白马。
[⑥] 其相句：它们之间互相不同，是很明显的。
[⑦] 应：应答，对应。
[⑧] 审：清楚，明白。

以理解为"等于"的意思；但说"白马是马"的时候，这个句子中的"是"字是判断句中连接两个名词的系词，它的意思不是"等于"。说"白马是马"，并不表明"白马等于马"。既然白马不等于马，那么就得出公孙龙"白马非马"的结论。问题在于这个"非"字：如果把"非"理解为不等同，那么说"白马不等于马"没有什么错；如果把"非"理解为现代汉语的"不是"，那么说"白马不是马"就令人哭笑不得。公孙龙故意提出这样一个可能作出哭笑不得之理解的命题，来引起人们的注意，但实际上他要说的意思却是"白马不等于马"而已。值得追究的是，公孙龙何以要造出这样奇特的命题，来分辨"马"与"白马"的不同？

其实，类似的把戏，先秦名家玩得不少。比如《庄子》记载的"鸡三足"，说鸡有三只脚。这个命题也见于《公孙龙子》，意思是：除了鸡事实上具有的两足外，还有我们在概念上说的一个抽象的"鸡足"，加起来就有三足。在这里，公孙龙只是要强调抽象概念的独立性而已，他并非不知道这一个抽象的"鸡足"跟事实上的具体两足不同，不能简单相加，他故意说"鸡三足"，也只是要引人注意。所以，他说"白马非马"，其实是想强调"马非白马"，除了具体的白马、黄马、黑马之外，还有一个抽象的"马"的概念。大概他很兴奋于这种抽象概念的发现，所以造出一系列奇怪的命题，来把玩个不停。

虽然我们不认为抽象概念可以脱离具体的事物而存在，但这并不妨碍我们对抽象概念作出独立的探讨，而且这样的探讨是思维水平提升的标志。公孙龙的兴奋是可以理解的。

慎子：不瞽不聋，不能为公①

不聪不明②，不能为王；不瞽不聋，不能为公。
——《太平御览》引《慎子》

慎到的意思是，做领导的人不要一贯地明察秋毫，有时候也应该糊涂一下，给手下的人留些余地好办事。他希望用这种消极的办法获得更为积极的效果，确实是处于道家跟法家之间的思想。但他的这句话，后来却成为流传很广很久的谚语。

沈约《宋书·庾炳之传》说道："不痴不聋，不成姑公。"做公婆的对儿子媳妇的事情不要太明白。《隋书》上讲，有人跟隋文帝报告："大都督邝绍诋毁朝廷做事糊涂。"文帝很生气，想杀了邝绍，有个大臣长孙平进谏："鄙谚曰：'不痴不聋，未堪作大家翁。'此言虽小，可以喻大。邝绍之言不应闻奏，陛下又复诛之，臣恐百代之后，有亏圣德。"他认为打小报告本来就不足取，皇帝听了也只该

---

① 慎子：名到，《史记》说他是战国时候的赵国人，曾在齐国的稷下讲学。其思想大概处于道家与法家之间。《汉书·艺文志》把《慎子》一书列入法家，但此书没有完整地保存下来。瞽：眼睛看不见。聋：耳朵听不见。公：正文中与"王"对举，应是比"王"低一级的诸侯，但古书中引用《慎子》时经常写作"翁"，就是老爷子的意思。

② 聪：耳朵听得清。明：眼睛看得清。聪明跟聋瞽正好相反。

装糊涂，不应追究，否则就会被后人认为做皇帝的不像个皇帝。据说隋文帝因此宽赦了邺绍。

隋文帝原本是个喜欢探查小事的人，所以需要长孙平的劝告。相比之下，唐肃宗要主动得多。他的女儿嫁了大功臣郭子仪的儿子，有一次小夫妻不和，妻子依仗爸爸是皇帝，不免骄傲，丈夫却说："你爸爸是皇帝有什么了不起？我爸爸才是平定天下的人，却不愿做皇帝呢！"结果当然是公主到宫中哭诉，而郭子仪则主动前来请罪。唐肃宗当下做了和事佬，他说："鄙谚有之：'不痴不聋，不作家翁。'儿女子闺房之言，何足听也？"《资治通鉴》记载了此事，后来演为戏剧舞台上《打金枝》一出。应该说，这番糊涂对双方都有好处：特殊的时势当然容不得皇帝发威，但郭子仪也还要打出唐朝的大旗才容易做事。看来，这所谓的"鄙谚"实际上一点不"鄙"，不但其来历是先秦的诸子之书，后来引用的人也多有皇帝、大臣，它称得上是一种"中国的智慧"了。

甚至诗人也不放过这个"鄙谚"，陆游的《剑南诗稿》里面有一首《醉歌》云："不痴不聋不作翁，平生与世马牛风。无才无德痴顽老，尔来对客惟称好。"按照陆放翁给人的一般印象，这里说的可能是愤激的反话。不过，历来对陆游的批评，就是说他太"热中"，容易被人利用。如果把《醉歌》的"不痴不聋不作翁"跟他自号"放翁"联系起来看，那么"放"可能也就含有放弃"热中"的意思，不妨视为其对人生态度的某种反省。

邹衍：终始五德①

邹子有《终始五德》，言土德从所不胜②，木德继之，金德次之③，火德次之，水德次之。

——《文选》李善注引

用阴阳、五行来概括自然事物和自然现象，是颇具兴味的：它当然具有一般概括的抽象性，同时却也保留了具体的形象性。木、火、土、金、水，当然不仅指五种事物，也意味着不同的性质，但此性质仍然可以跟具体事物发生联想，如水流向下，火焰向上，于是水和火分别意味了向上和向下的性质。季节、颜色、方位之类，也可以跟五行相配，比如跟木相配的季节是春季，颜色是青，方位是东，这些都跟植物生长的形象密不可分。同时，五行之间还有"相生"和"相克"两种关系。所谓"相生"，指木生火、火生土、土生金、金生水、水生木。所谓"相克"，指木克土、土克水、水克

---

① 邹衍：战国后期阴阳家，齐国人。据说他曾著书十余万言，但现在都散佚了。终始：结束了又开始，循环往复。五德，在木、火、土、金、水五行中，某一行的性质决定某一个时代的风气和命运，比如古人以为黄帝的时代是土德，大禹的时代是木德，等等。

② 从所不胜：谓五德循环的次序中，后面一个是克服前面一个的，比如木克土，所以土德时代的后面，必然是木德时代。

③ 次之：接着。

火、火克金、金克木。实际上，这还是要联想到具体的事物，才容易索解：木材可以生火，火可以把东西烧成灰，变成了土，土地里面埋藏着金属矿石，金属加热熔化变成了水一样的液体，水分可以促成树木生长；树木冲破土壤长出地面，土壤可以克制水的流动，水可以把火湮灭，火可以熔化金属，金属可以砍断木材。总之，在理解五行学说的时候，抽象思维和具体的想象力是必须双管齐下的。

邹衍却创造性地运用五行学说来构建他的历史哲学，认为历史时代的前后相续，也完全符合五行的运转规律。如果前一个时代是土德，那么后一个时代必然是前一个时代的战胜者，就是木德，因为木克土。然后，金克木，木德时代的后面接着是金德时代；再接着是火克金，所以后面是火德时代；火德以后就是水德，因为水克火；等到水德之后，土克水，于是重新回到土德时代。这样不断地循环往复，就是历史的圆形更替图景。构建这个图景的困难当然还在于，如何确定某一个时代是土德还是别的什么德，但只要有一个时代被确认，就可以进入纯粹的推论过程。值得体味的是，作为自然现象之概括的五行本有"相生"和"相克"两种顺序，邹衍勾画的历史更替图景，却并不采用"相生"的顺序，而采用了"相克"的顺序。这应该包含了他对人类历史的某种令人悲哀的看法。可惜他的著作都已散佚，除了古书中留下的少量引用文字外，我们无从知道他的详细说法。后来汉代人继承他的"五德终始"之历史观，却把"相克"的顺序改成了"相生"的顺序。大概汉人也察觉到邹衍旧说中包含的悲哀，觉得于心不忍，故而加以修改吧。

荀子：人生不能无群①

（人）力不若牛，走不若马②，而牛马为用，何也？曰：人能群，彼不能群也。人何以能群？曰分③。分何以能行？曰义④。故义以分则和⑤，和则一，一则多力，多力则强，强则胜物⑥，故宫室可得而居也⑦，故序四时⑧，裁万物⑨，兼利天下⑩，无他故焉⑪，得之分义

---

① 荀子：战国后期儒家思想家，赵国人，名况，又称荀卿或孙卿。曾周游列国，在楚国当过官。著作有《荀子》三十二篇，有的部分可能出于弟子的辑录。群：跟同类团结，这里指人类的社会性。
② 走：跑。
③ 分：指人类的社会分工所造成的每个人各自的职守。
④ 义：合理性。
⑤ 义以分则和：按照合理的原则来分工，各自做好本分工作，就能和睦相处，互相配合。
⑥ 胜物：指人的力量胜过其他的自然物。
⑦ 故宫室句：谓可以安居无害。宫室，房子。
⑧ 序四时：以四季为序。
⑨ 裁万物：支配自然物。
⑩ 兼利：共同受益。
⑪ 他故：其他原因。

也①。故人生不能无群,群而无分则争,争则乱,乱则离②,离则弱,弱则不能胜物。

——《荀子·王制》

如果只因为我们是人,就认为人比世上其他的万物都要尊贵,都要高明,这实在不见得有多少道理。但人类确实战胜了几乎所有就个体而言比我们强大得多的自然物,以至于令它们情愿或不情愿地为我们服务。在荀子看来,这并不是由于人生来就是世界的主人,而是由于人类能够团结起来,以群体的力量制服万物,才有了主人的地位。所以,如果要保持这优势的地位,人还是非团结不可的。否则,世上有的是比人孔武有力、奔跑迅速的动物,单独一个人面对它们时,不成为它们的食物,就已经很幸运了。

这其实是一个很简单的事实而已,不过却也经常被人们所忘记,当人类因为互相厮杀而感到酣畅淋漓,甚或记功受赏、大搞庆典的时候,就早已把互相依存的事完全抛在脑后了。虽然还未必就到了"争则乱,乱则离,离则弱,弱则不能胜物"的严重程度,但这样的提醒还是很有必要,而且发人深省。荀子认为,要保证人类能够"群"而不"争",只有他所谓的"分"和"义",即进行合理的分工,让每个人都忠于自己的职守,在享受各自利益的时候,也"兼利天下"。就他的学说而言,体现这"分"和"义"的便是人类共同生活的社会规范"礼",所以他认为人是一刻也离不开"礼"的。可以注意的是,照这个角度来理解的一个"礼"字,是很容易被置换为一个"法"字的,实际上,荀子的学生韩非和李斯就正是这样做的。

---

① 得之分义:从分工合理得来的好处。
② 离:离析,互相不团结。

韩非子：上下一日百战①

上下一日百战。下匿其私②，用试其上③；上操度量④，以割其下⑤。故度量之立，主之宝也；党与之具⑥，臣之宝也。臣之所不弑其君者⑦，党与不具也。

——《韩非子·扬权》

现代人经常把《韩非子》跟马基雅维利的《君主论》相提并论，是有一定道理的。因为韩非的理论虽然以强调法制为核心，但如果把韩非跟其他法家人物如商鞅相比，其理论的特色就体现在关于君主的论述上了。尽管很多人批评商鞅的刻毒，但商鞅至少还没有正面鼓励专制君主控制臣下的心术。奇怪的是，对君主心理研究

---

① 韩非子：战国末期法家思想家，韩国的公子。因出使秦国而被秦王政（即后来的秦始皇）挽留，后来死在狱中。他是荀子的学生，李斯的同学，但他的死亡跟李斯在秦始皇面前说他的坏话有关。其著作经后人编辑，为《韩非子》五十五篇。上下：指君主和臣下。一日百战：每天都在不断地勾心斗角。
② 匿：隐藏。私：私心私利。
③ 用试句：用来试探君主，指怀有觊觎之心。
④ 操：掌握。度量：指法制、准绳。
⑤ 割：分割、限制。
⑥ 党与句：与团伙相勾结。
⑦ 弑：臣下杀害君主。

得如此透彻的韩非,最后的结果也比商鞅好不了多少。

韩非对政界情形的描述,确实是令人毛骨悚然的。所谓"上下一日百战",是一种极端的斗争哲学:所有人都心怀鬼胎,大臣们总是觊觎着君主的位置,他们勾结党羽,积聚力量,总有一天要想取代君主;而君主就必须时刻注意臣下的一举一动,以法制为武器,将他们限定在各自的位置上,割断他们之间的联系,使他们永远比自己渺小,才不足以对自己构成威胁,而且老老实实为自己做鹰犬。可想而知,不但是君臣之间明争暗斗,推而广之,所有的上下级之间都是这样尔虞我诈的关系,可谓危机四伏,一朝不慎就要被狗咬的。

这样的描述,似乎令人厌恶政治,但韩非的目的不是如此,他认为这是正常的情形。在其他的场合,他还说过:人们生了儿子就相互祝贺,生了女儿就把她杀掉,因为女儿是替别人家养的,而儿子对自己将来有利;既然连父母对子女都怀着权衡利害之心,那有什么理由要求毫无血缘关系的别人无条件地对自己好呢?所以,像儒家那样要求臣下把君主看作父母,要求君主把人民看作子女,是一件很荒唐的、不可能做到的事。臣下之所以为君主服务,只是因为他的党羽还不够多,还不足以取代君主而已。

按以上的说法来推论,韩非被李斯唆使秦王下狱而死,也是一件叫不得冤屈的事,因为他可能已经威胁到李斯的地位,然后说不定也会威胁到秦王,既然他们已经学会了韩非的理论,那么留着这么一个人也没有什么用处了。正如商鞅的"作法自毙",韩非为秦王磨砺了一把锋利无比的剑,但这把剑首先染上的是他自己的血。

吕不韦：善学者，假人之长以补其短①

物固莫不有长，莫不有短，人亦然。故善学者，假人之长以补其短，故假人者遂有天下。无丑不能，无恶不知②。丑不能，恶不知，病矣③；不丑不能，小恶不知，尚矣④。虽桀纣犹有可畏可取者⑤，而况于贤者乎⑥？

——《吕氏春秋·用众》

这段话几乎可以看作"杂家"为自己作的辩护。

从学说自成"家"的含义来讲，有足够的理由不把"杂家"算作一"家"，因为他们大部分的观点是从别人那里抄来的，不是自己创造的，而且东抄一点，西抄一点，凑起来也不成体系。但吕不

---

① 吕不韦：战国末期秦国的丞相，因为与秦王政产生矛盾，被秦王政放逐，自杀。他曾组织门客，博取众说，汇辑为《吕氏春秋》一书，世称"杂家"。假：利用。

② 无丑二句：不要看不起不能的人，不要厌恶不知道的人。

③ 病：困惑、不健全。

④ 尚：上，好。

⑤ 桀纣：夏的末代天子桀、商的末代天子纣，相传他们都是暴君，在古书中常被用作坏人的代表。

⑥ 而况于：何况。

韦和他的门客却认为，这样做正是善于学习的表现。在他们看来，天下所有的学说都有其优点和缺点，"杂家"可以博采众长，为己所用。他们还打过一个比喻说，天下找不到一只毛色纯白的狐狸，却有纯白的狐皮大衣，就是从众多的狐狸身上剥下来，集中起来缝制的。按照这个思路，即使基本上是一只黑狐狸，只要它身上有一点点白，也是有可取之处的。所以说，就是桀、纣那样的坏人，也不妨找出他们的长处来学习。

当然，白的狐狸皮剥得再多，能不能制成一件像样的大衣，其实又是另一回事。虽然处在先秦时代末尾的吕不韦确实有条件对诸子百家的学说作出总结，但后世没有一个人承认他完成了这样的总结。虽然其他的先秦诸子都是独自立说，最多带几个徒弟，而身为丞相的吕氏能找来无数帮忙或帮闲的门客，但"杂家"的成就也不过是在"诸子百家"中勉强算一家而已。实际上，现代人之所以重视《吕氏春秋》，并不是因为吕氏的学说值得研究，而是因为它抄录了不少其他各家的观点，可以作为研究其他各家的资料而已。因此，所谓博采众长的"杂家"的出现，不是"百家争鸣"的总结，而是衰落，名副其实的衰落。

令人悲哀的是"假人者遂有天下"的预言，却真的是由吕不韦曾经领导的国家实现的。先秦时代产生过那么多优秀的学说，这些学说的高明之处，令现代的中国人还为之骄傲，但历史上的最后赢家却是这并不像样的"杂家"，虽然人们更愿意认为法家才是帮助秦国完成统一大业的学派。

李斯、秦始皇：废封建，置郡县①

廷尉李斯议曰②："周文、武所封子弟同姓甚众③，然后属疏远④，相攻击如仇雠⑤，诸侯更相诛伐，周天子弗能禁止。今海内赖陛下神灵一统，皆为郡县，诸子、功臣以公赋税重赏赐之⑥，甚足易制⑦。天下无异意，则安宁之术也。置诸侯不便。"始皇曰："天下共苦战斗不休，以有侯王。赖宗庙⑧，天下初定，又复立国，是树兵也⑨，而求其宁息，岂不难哉！廷尉议是⑩。"分

---

① 李斯：荀子的学生，辅佐秦始皇统一天下，任丞相，公元前200年被杀。秦始皇（公元前259—前210）：名政，秦朝的开创者。封建：分封子弟和功臣，建立诸侯国。郡县：地方行政单位。
② 廷尉：秦汉时代的官名，地位次于丞相。
③ 周文、武：指西周的文王和武王。所封子弟同姓：诸侯国可以分为"同姓国"和"异姓国"两种，封子弟为王的是"同姓国"，封功臣为王的是"异姓国"。
④ 然：但是。后属：后世的亲属。
⑤ 仇雠：仇家。
⑥ 公赋税：公家（指中央朝廷）收入的赋税。
⑦ 易制：容易控制。
⑧ 赖宗庙：依仗祖先的威灵。
⑨ 树兵：树起武器，指引起战争。
⑩ 廷尉句：廷尉（李斯）的说法是对的。

天下以为三十六郡，郡置守、尉、监①。

——《史记·秦始皇本纪》

　　大臣在朝廷上发言，叫做"廷议"。李斯的这次廷议，和秦始皇随后下达的决断，改变了中国的历史：从封建时代迈进了中央集权时代。尽管我们经常把清代以前的中国社会称为"封建社会"，但"封建"（分封建国）的制度实际上早就由秦始皇结束了，虽然后来的西汉和西晋都曾一度恢复"封建"制，但那只是进一步展示"封建"制的不适于时，或者进一步证明李斯和秦始皇结束"封建"制的理由正确而已。

　　分封子弟的目的，本来是为了让诸侯们念在亲情的分上，共同扶持天子，令天下长治久安。但李斯一针见血地指出，诸侯们虽然是同一个祖先的子孙，互相攻击起来却比仇人还厉害，根本靠不住；秦始皇甚至认为，这些分封的侯王不但不会扶持天子，而且正是战争发生的根源。所以，分封制其实是自己埋下了祸乱的种子，不是什么好办法。所谓郡县制，就是分级建立地方行政单位，层层相属，最后集权于中央朝廷。这当然成为秦代以后中国政治的基本模式，即君主专制的中央集权模式。

　　不过，也许因为李斯和秦始皇的名声都不好，出于他们之手的这套郡县制度也一直引起后代学者的怀疑，关于"封建"和"郡县"两制孰优孰劣的问题，遂成为汉代以后延续至明清之际争论不息的话题。但事实是，所有企图恢复"封建"的努力，都以失败告终。

---

　　① 守：郡守，一郡的长官。尉：郡尉，掌管一郡军事的武官。监：监督一郡事务的御史。

贾谊：众建诸侯而少其力①

欲天下之治安，莫若众建诸侯而少其力。力少则易使以义②，国小则亡邪心③。令海内之势④，如身之使臂⑤，臂之使指⑥，莫不制从⑦；诸侯之君不敢有异心，辐凑并进而归命天子⑧。虽在细民⑨，且知其安⑩。

——《汉书·贾谊传》引贾谊上书

贾谊是中国古代所谓"怀才不遇"的一个标本，汉代以来的知识人以贾谊为题写的论文多得不计其数，当他们有一些建议不被采

---

① 贾谊（公元前200—前168）：西汉初年政论家，其见识曾震动朝野，却怀才不遇而死。著有《新书》。众建句：多立诸侯国，使每国的力量减小。
② 易使以义：容易用正当的名义来使唤它。
③ 亡邪心：没有不正当的企图。
④ 海内之势：全国的形势。
⑤ 身之使臂：身体使唤手臂。
⑥ 指：手指。
⑦ 制从：制服，听从。
⑧ 辐凑：辐辏，从四周集中到中心。并进：一起靠拢。归命：听从命令。
⑨ 细民：小老百姓。
⑩ 且：尚且，也。

纳时，就会隐然把自己比作贾谊。其实，贾谊并不是可以随便比拟的，毋宁说他是一个相当独特的人物。他的见识似乎与他的年龄不太相称，他对当时存在于西汉政治中的严重问题，几乎是洞若观火，对利害是非的分析，以及应对策略的建议，也深切著明，加上其文风壮丽而具有感染力，本来是很容易让人认同的。实际上，连汉文帝也并非不明白贾谊所说都是对的。所以，虽然他生前怀才不遇，但在他死后，汉王朝仍不得不重新捧起他的建议，才足以解决问题。后来王安石也认为，贾谊的主张在他的身后大致都被实施了。从这个角度说，贾谊在整部中国史中，也是唯一的。

因了秦王朝的短命，汉代建国之时抛弃了李斯、秦始皇的"废封建"之策，而恢复分封子弟的制度。但不久之后，诸侯国的存在便成为西汉政治的最大痼疾。当朝廷的号令只在京城起作用时，人们对眼前的国家算不算一个国家都会感到怀疑。贾谊所策划的"如身之使臂，臂之使指"的天下大势，其实就是中央集权的模式，这本来也符合孔子所谓"天下有道，礼乐征伐自天子出"的理想。但恰恰不是孔子所熟悉的"封建"制，而是郡县制才能实现这样的理想：这是当时的有识之士都已看得清楚的事。贾谊的难得之处在于，他还提供了解决诸侯国问题的有效办法。他并未主张立即取缔分封制，或直接削夺诸侯的领地，而是建议增多分封的数量，将诸侯的力量分散以后，朝廷才可以集中权力。

在贾谊去世后，晁错迫不及待地为汉景帝"削藩"，直接削夺诸侯领地，结果引来"七国之乱"，几乎令西汉陷入危亡境地。到汉武帝时，主父偃施行"推恩令"，允许各大诸侯进一步分封自己的子弟，受到了诸侯子弟的欢迎，实际上却使各大国变成了许多小国，再也没有力量跟中央抗衡，诸侯国问题随之迎刃而解。一望而知，这是贾谊"众建诸侯而少其力"的策略重新被实施，而获得了成功。

董仲舒：明其道不计其功[1]

夫仁人者，正其谊不谋其利[2]，明其道不计其功。是以仲尼之门[3]，五尺之童羞称五伯[4]，为其先诈力而后仁谊也[5]。

——《汉书·董仲舒传》引其语

先秦诸子，虽然各自的主张不同，但都希望自己的主张被采纳，也相信自己的主张会收获原先所期待的效果。即便倡导"义利之辨"，强调仁义而拒绝谈论利益的孟子，实际上也是用了更为长远的利益（"王天下"）去游说诸侯的。明确宣称只求符合道义，不必考虑效果的，大概要从董仲舒始。

所谓孔子门下连小孩子也羞于谈论五霸，并不是事实。不要说小孩子，就是孔子本人也曾经称赞管仲，而管仲就是辅助齐桓公称霸的谋主。后来孟子说过仲尼之徒不称齐桓、晋文的话，并表示对

---

[1] 董仲舒（公元前179—前104）：西汉经学家，中国古代"独尊儒术"意识形态的奠基人。著作有《春秋繁露》等。明其道：倡明儒家的原理、原则。计其功：考虑实际效果。

[2] 谊：合理性。

[3] 仲尼：孔子的字。

[4] 五伯：五霸，指春秋时齐桓公、晋文公等五个霸主。

[5] 先诈力：把欺诈和暴力放在首要地位。仁谊：仁义。

管仲的不屑，但那大意只是说儒家有更高的理想、更好的办法而已，并非不要建功立业。在"百家争鸣"的时代，如果一个学说不能期待其功效，几乎无法存立，实际上也没有一家不从效果的理想性上来证明己说的优越性。但董仲舒"正其谊不谋其利，明其道不计其功"这句话，却在后世引起巨大的反响，汉代以来的书籍中引用此语的，可谓不计其数。它非常典型地表明了汉代以后的儒学跟先秦儒学的不同地位：从根本上说，儒学已经不需要幻化出其施行结果的美好梦想来吸引人们，也不需要证明自己的效用比别的学说长远，它只需确立原则，让善良的人们去恪守不移，即使毫无结果，这恪守本身就已经具有最高的价值。它可以在毫无代价的情况下，让人们为之放弃实际功利的追求，甚至放弃生命。——就这个角度而言，它确实承担了宗教的一部分功能。

"罢黜百家，独尊儒术"，当然是董仲舒写在中国历史上举足轻重的一笔，其实也是写在世界历史上浓墨重彩的一笔，他不仅为一个长达两千年的时代确立了意识形态，也陶铸了一个占世界人口四分之一的民族的性格。

霍去病：匈奴不灭，无以家为①

上为治第②，令视之③，对曰："匈奴不灭，无以家为也。"由此上益重爱之④。

——《汉书·霍去病传》

史称汉初国力不足，在与匈奴的交往中经常蒙受屈辱，而只好忍气吞声；等到汉武帝的时候，国力强大了，积蓄丰厚了，所以跟匈奴大战，解除了北方的威胁。其实，元光二年（前133）汉军准备在雁门伏击匈奴，已开始主动寻战，而此时离"七国之乱"的平定不过二十年，而且就在五年之前的建元三年（前138），黄河在山东决口，还造成了"大饥，人相食"的局面。所以，若说汉朝是钱粮多得用不完了才跟匈奴开战，那至少是一种夸张。自从建元六年（前135）掌握实权的窦太后死后，汉武帝就已经准备战争。由此看

---

① 霍去病（公元前140—前117）：西汉名将，汉武帝卫皇后姊子，官至骠骑将军。他曾前后六次出击匈奴，打通河西走廊，又消灭匈奴主力。他的墓至今还保存在陕西兴平茂陵之东，为全国重点文物保护单位。匈奴：战国、秦、汉时代活动于中国北方的游牧民族，为汉代战争的主要对手。无以家为：用不着造房子，根本不想成家。

② 上：指汉武帝刘彻。治第：安排、建造府第。

③ 令视之：让他去看一看。

④ 益：更加。重：重视，看重。

来,汉朝对匈奴政策的变化,并不是由于积蓄丰厚足以开战,而是由于窦太后之死令汉武帝自己掌了权。卫青、霍去病等一代名将的涌现,令汉武帝在历史上显得很风光。要说国力的话,汉的国力在匈奴之上,是早已存在的事实了。

霍去病语出惊人,"匈奴不灭,无以家为"的豪言壮语,后来一直成为激励武将的口头禅,唐朝的郭子仪就引用过此语。值得注意的是,霍去病似乎也泄露了汉朝对匈奴战争的真实动机:他们不仅仅是要抵御匈奴的侵犯,也不是把匈奴从边境赶走而已,他们的目的是要"灭"了匈奴。这个动机从汉武帝君臣的行动上也十分清晰地表现了出来:他们不是被动地自卫,而是主动地出击。

霍去病的军事天才和他作为年轻人的冲动,配合了汉武帝的意志,在今天的中国版图上,我们犹能看到这位二十四岁就去世的将领创造的军事奇迹所留下的痕迹,他的征服成为一个民族永恒的遗产。

司马迁：鄙没世而文采不表于后①

　　勇者不必死节②，怯夫慕义③，何处不勉焉④。仆虽怯懦欲苟活⑤，亦颇识去就之分矣⑥，何至自湛溺累绁之辱哉⑦？且夫臧获婢妾⑧，犹能引决⑨，况若仆之不得已乎⑩？所以隐忍苟活，函粪土之中而不辞者⑪，恨私

---

　①　司马迁：西汉的太史公，因触怒汉武帝而遭受腐刑，后来被赦，出任中书令。著有《史记》。鄙：看不起。没世：身死。表：彰显。后：后世。
　②　不必死节：不一定要为节操才死，意谓勇者轻于一死。
　③　怯夫句：怯懦的人也向往正义。
　④　何处不勉：在任何情况下都应勉励自己（不要被侮辱）。
　⑤　仆：谦虚的自称。
　⑥　去就之分：关于什么该拒绝、什么该接受的道理。意思是：在一般情况下，与其接受腐刑这样严重的侮辱而苟活，还不如拒绝腐刑，保持尊严而死。
　⑦　湛溺：沉溺，陷身其中。累绁：捆绑犯人的绳索，指囚禁。
　⑧　臧获：仆人、奴才。婢妾：侍女、小妾。
　⑨　引决：自杀。
　⑩　况：何况。不得已：指受辱的严重情况，让人不能不为保持尊严而就死。
　⑪　函：包围其中。粪土：污秽，指所受的侮辱。辞：拒绝。

心有所不尽①，鄙没世而文采不表于后也。

——司马迁《报任少卿书》

汉代的量刑之法，似乎是把死刑和腐刑看成同一等级的，所以太史公曾经面临选择：是接受死刑呢，还是腐刑？选择后者固然可以保全性命，但其实也只是所谓"苟活"而已，除了可以预见的真正"生不如死"的感受外，对太史公来说，更重要的后果是无颜见人的耻辱。

《礼记》有云："刑不上大夫。"因为接受刑罚是一种耻辱，而大夫是有身份、有自尊的人，如果做错了事，触犯了刑律，就应该自杀，以免受刑，这跟"可杀而不可辱"是同样的意思。虽然很多大夫可能做不到，但太史公是很想做到的，而且他认为这也不难做到，因为那些"臧获婢妾"都不乏宁死不辱的勇气，更何况自己！不过，太史公终于选择了腐刑，接受了无与伦比的侮辱，而在多年以后，在这封写给朋友的信中，他倾诉了这样选择的理由。

《论语》说："君子疾没世而名不称。"人生短暂，很快就会在这个世界消失，但一个有名的人，会被人们记住，所以，为了不让自己完全在历史中消失，君子应该追求"名"，使自己的精神创造影响后世。太史公的表述是："鄙没世而文采不表于后也。"这个擅长写作的人，把文采流传后世作为他曾经生存的证据，否则他的生命等于空虚而已。于是，为了完成他自信能够传世的《史记》一书，他必须"隐忍苟活"，必须自陷于粪土之中，必须承受生不如死的后半生，必须以接受无与伦比的侮辱为代价，来赢得写作的时间。

---

① 私心：自己的内心。有所不尽：想做的事还没有完成，指《史记》还没写完。

"生存还是死亡",哈姆雷特的著名独白,出于莎士比亚的虚构,而太史公却是真实的倾诉:死亡意味着尊严,生存则可以继续写作,为什么要选择后者?

扬雄：雕虫篆刻，壮夫不为①

或问②："吾子少而好赋③？"曰："然④。童子雕虫篆刻⑤。"俄而曰⑥："壮夫不为也。"或曰："赋可以讽乎⑦？"曰："讽乎？讽则已⑧。不已，吾恐不免于劝也⑨。"

——《法言·吾子》

---

① 扬雄（公元前53—公元18）：字子云，成都人，西汉末至新莽时期的儒家思想家，《汉书》有传。他的著作有《太玄》《法言》《方言》等，单篇的文章也由后人编为《扬雄集》。雕虫篆刻：秦代的小学生要学习八种字体，其中两种叫"虫书"和"刻符"，雕虫篆刻就是写这样的字。壮夫：成人。

② 或：某人。

③ 吾子：你。少而好赋：少年时代喜欢作赋。赋是西汉流行的一种以描写为主的文体。

④ 然：是的。

⑤ 童子：小孩子。

⑥ 俄而：过了一会儿。

⑦ 讽：含蓄地劝谏君王不要做坏事。

⑧ 讽则已：如果想劝谏，那只要写出劝谏的内容就够了。

⑨ 不已二句：是说赋的文体要求大量的形容、描写，所以不会只有劝谏的内容而已，那些多余的描写部分反而会让君主更乐于做坏事。不已，不止于劝谏。劝，怂恿。

西汉最有名的赋家司马相如，是扬雄的同乡，也许就因为这个缘故，扬雄少年时代很敬仰相如，模仿其赋作，写了不少有名的作品。但后来扬雄却说，那只是小时候学习写字的功课而已，长大以后就不屑再做了。他的这句话，后来被概括为一个成语，曰"雕虫小技"。

由于赋是汉代最有代表性的文学体裁，所以说赋是"雕虫小技"就难免令文学家生气，觉得被蔑视了。后来攻击扬雄最厉害的便是宋代的苏东坡。他说，你扬雄蔑视赋，不屑写了，那又去写什么了呢？无非是《太玄》《法言》之类。《太玄》是模仿《周易》的，《法言》是模仿《论语》的，这跟模仿司马相如的赋，一样是模仿，有什么本质的不同呢？要说赋是雕虫小技，那么《太玄》《法言》也是雕虫小技，你扬雄其实是"终身雕虫"而已。

苏东坡的批评是很尖锐的，不过扬雄的意思，倒不是存心诋毁文学，他只想守护人格而已。文学是令人享受的，而这种享受也是君主喜欢的一种消费，他希望有人不断给他提供这样精彩的消费品，所以不惜付出几个职位，来蓄养文学家，于是有才气的人就得到了一条进身之路。年轻的扬雄之所以努力作赋，也是因为看到了这条路的存在。但是，来到朝廷之后，他终于明白自己被蓄养的身份，君主并不重视他的意见，只是从他的作品中感受享乐而已，甚至本来想劝谏的话，也反而起到了怂恿的作用。所以，他不想再写了。至于模仿《周易》《论语》，虽然一样是模仿，但这是从事儒学研究和著述，相对来说比较受到尊敬一些，至少不会被拿去把玩。与此相应，他还明确主张写作的文词要艰深一些。这当然又引起苏东坡的不满，但扬雄的苦衷，大概也是为了免于被把玩，让看得懂的人去看。

王充：忧惧则鬼出[1]

凡天地之间有鬼，非人死精神为之也[2]，皆人思念存想之所致也[3]。致之何由[4]？由于疾病。人病则忧惧，忧惧则鬼出。

——《论衡·订鬼》

先民对于"鬼"的想象，实际上是人类意识发展过程中一个划时代的进步，它表明了人的清晰的自我意识和生命反省：在肉体存亡之外，还有一个能思考的精神过程。"鬼"无非是将精神想象为一个带有人性的实体而已，甚至其形象也与人相似，只不过它不像肉体那样受时空的拘束，能超越时空而存在。有了这种对于精神存在的清晰意识，人才得以跟自然相区分，因为"鬼"剥落了"人"的身上一切受自然限制的东西，仅仅作为一个自我意识的本体而存在。即便退一步说，"鬼"的出现也至少可以说明，对当时的人们而言，把人类生命的结束理解为完全的寂灭是一件异常痛苦的事情，"鬼"

---

[1] 王充（27—约 97）：字仲任，会稽上虞（今属浙江）人，东汉思想家。他家世不显，只做过地方上的下级官吏，长期在家从事著述，传世的有《论衡》。忧惧：忧愁和害怕。鬼出：意谓见鬼。

[2] 精神：灵魂。为之：成为鬼。

[3] 存想：放在心里想着。致：招来。

[4] 何由：什么原因。

至少是对生命或者精神的一种顽强拯救。所以，对"鬼"的思考是一种不折不扣的哲学。

不过，以人的思维来理解"鬼"，毕竟也是一件相当困难的事，直到十一世纪的欧阳修，犹对《左传》记载中"新鬼大而故鬼小"的现象提出疑问。出于想象，"鬼"的形象大致保持其人临死时的模样，年轻人死了变的鬼可能永远年轻，老人的鬼就显得老态一些，但问题是那年轻人可能是老人的前辈，甚至是祖宗，如此便令这二"鬼"的形象不太顺理成章。若说"鬼"也随时间而有形体上的变化，那就越发难以具体说明了。诸如此类的困难实在太多，儒家的圣人在"鬼"的问题上也显得态度暧昧：有学生问孔子关于"鬼"的事，孔子的回答是，"人"的问题还没搞清楚，哪有工夫去讨论"鬼"？虽然这个态度获得了后世的赞赏，但现在想来，老先生也是怕说错而不敢说吧。

于是另外一些个性斩绝的人，就干脆不信"鬼"的存在。不信"鬼"并不表明他的智力胜过别人，因为别人也不是不知道关于"鬼"的理解有许多困难，只是个性温和，愿意存而不论罢了。明确宣扬不信"鬼"的人，大抵个性甚强，对他难以理解，或者发觉其中夹杂矛盾的事，他一概不信。王充就是这样一个人，他一生都致力于戳穿假话，没有证据的东西都不能得到他的认可。也许有不少诚实的人言之凿凿地说他见过"鬼"，所以王充不否定人能见鬼，但他认为，这不是因为确实有"人死精神为之"的"鬼"存在，而只是见鬼的人自己有毛病罢了。

何休：天下远近小大若一①

于所传闻之世②，见治起于衰乱之中③，用心尚粗粗④，故内其国而外诸夏⑤；……于所闻之世，见治升平，内诸夏而外夷狄⑥；……至所见之世，著治太平⑦，

---

① 何休（129—182）：字邵公，东汉经学家。他为人木讷，口才很不好，但心思灵活，著有《春秋公羊解诂》，是对《春秋公羊传》的注释，经唐代徐彦疏解后，列入后来所谓"十三经"中。若一：谓大一统。

② 所传闻之世：跟下文的"所闻之世""所见之世"合称"三世"。公羊家认为，孔子作《春秋》时区分了这样三个时代：离他本人最近，几乎亲眼看得到的时代为"所见世"，此前不能亲见，只能听老人叙说的时代为"所闻世"，离他最远，需要辗转传闻的时代为"所传闻世"。据说，对于三种不同的时代，孔子记录的态度和方式都不一样。

③ 见：体现。治：治理。

④ 用心：指孔子作《春秋》时措辞的标准。粗粗：粗略。

⑤ 故内句：意谓记录史事时，站在鲁国的立场上措辞。内其国，以鲁国为内。外诸夏，以其他族的各国为外。

⑥ 见治二句：意谓记录史事时，站在整个华夏族的立场上措辞。升平，古人以为，家家户户藏有可吃三年的粮食，叫做"升平"之世。夷狄，非华夏族的周边民族。

⑦ 著：明确地表达。太平：天下治理的最高境界。

> 夷狄进至于爵①，天下远近小大若一。
>
> ——《春秋公羊传解诂》鲁隐公元年

孔子是否作《春秋》，这《春秋》的措辞是否包含深刻用意，诸如此类都是历史学的研究课题；但说到"经学"，尤其是公羊学，则要把孔子在《春秋》中体现的"微言大义"作为探析的对象。由于鲁国是孔子所居的国家，又是跟周天子最为亲近的周公的封国，且《春秋》本是根据鲁国的历史来写的，所以说《春秋》有"内其国而外诸夏""内诸夏而外夷狄"的立场，一般是可以接受的；至于把历史时代区分为"三世"，其实也是很简单的一种操作，对自己亲见的、听说的和辗转传闻的事情采取不同的态度，原也合乎理性。何休的心思灵活之处，在于把以上两种说法结合起来，体察出孔子对三种时代的不同措辞中隐含了三种层次的社会理想：对于最远的"所传闻世"，采用了对"衰乱世"的批评标准，管好自己的国家就可以了；对于较近的"所闻世"，则采用对"升平世"的批评标准，要求华夏民族一致对外；而对于当代的"所见世"，便采用对"太平世"的最高批评标准，宣扬天下大一统。就历史来说，春秋时代的现状是越来越混乱，但就批评标准来说，却是越来越严格了。世道越乱，圣人怀抱的社会理想就越是璀璨。从诸侯割据的衰乱世走向民族统一的升平世，再走向天下一统的太平世。这样的说法几乎为中华民族乃至世界文化的发展描画了一张伟大的蓝图。曾几何时，中国的先圣先贤做着如此这般的"《春秋》大梦"，是可以"怅望千秋一洒泪"的。

---

① 进至于爵：上升到（像华夏族那样）获得爵位的地步。意谓对各民族国家同等看待，天下大一统。

诸葛亮：王业不偏安①

先帝虑汉贼不两立②，王业不偏安，故托臣以讨贼也③。以先帝之明，量臣之才④，故知臣伐贼⑤，才弱敌强也。然不伐贼，王业亦亡。惟坐待亡⑥，孰与伐之⑦？是故托臣而勿疑也⑧。

——《三国志·诸葛亮传》注引

对三国史事持"尊刘抑曹"的立场，并不自明代的《三国演义》始。南宋的大思想家朱熹把《资治通鉴》改编为《纲目》，最大的得意之处就是把三国那一段的系年，从曹魏系年改为蜀汉系年，即确认刘备才是东汉正统的继承者。更早一点，北宋苏轼的《东坡

---

① 诸葛亮（181—234）：字孔明，三国时蜀汉丞相，曾六次主持北伐曹魏，卒于军中。王业：称王天下的大业。偏安：割据一处，苟且偷安。
② 先帝：蜀汉昭烈帝刘备。汉：蜀汉政权具备继承汉室的名义。贼：指曹魏政权。两立：共同存在。
③ 臣：诸葛亮对蜀汉后主刘禅说这番话，所以自称"臣"。
④ 量臣之才：衡量我的才能。
⑤ 故知：本来就知道。
⑥ 惟坐句：无所作为，只是坐等灭亡。
⑦ 孰与：跟……相比怎么样，意谓不如。
⑧ 是故：因此。勿疑：没有疑虑。

志林》也已记载,民间说书人讲到三国故事时,凡刘备胜了,听众就高兴,而曹操胜了,听众就悲伤。苏轼其他的文章里,对反抗曹操的孔融、周瑜等人,都很赞赏。其实,这一种立场的源头,从蜀汉丞相诸葛亮本人的言论中,就可以找到了。虽然我们今天都把刘备的政权称为"蜀",实际上当时是以"汉"为名,用了延续汉朝的名义来跟曹魏对抗的,所以相应地把曹魏称作"贼"。这样,说"汉贼不两立",便具有正义性了。但诸葛亮之所以在条件不利的情况下坚持北伐,倒也不仅仅出于这种正义感,而且是基于某种远见卓识,即所谓"王业不偏安"。

什么叫"王业不偏安"?诸葛亮自己说得很明白:割据一隅,势不长久,历史必然会走向重新统一,所以割据政权只有两种命运:不是统一,就是被统一。这样,如果不奋起"伐贼",就只能等待被"贼"来伐。这就叫"不伐贼,王业亦亡"。与其坐待灭亡,还不如奋起"伐贼"。虽然诸葛亮把这说成是先帝刘备的本意,实际上他是用这番道理来说服刘禅。

当赵构渡过长江建立南宋,准备苟安时,女词人李清照有诗云:"生当作人杰,死亦为鬼雄。至今思项羽,不肯过江东。"她说当年项羽之所以不肯逃命回南方,就是因为认定偏安政权毫无前途,故宁可死在北方当"鬼雄",也不愿过江偏安。相比之下,赵构竟然如此缺乏英雄气,令她不齿。有人说,项羽保留性命逃回江东,或许还可以"卷土重来",但李清照看来早就深刻理解了诸葛亮的"王业不偏安"思想,她不觉得偏安以后还有什么前途可言。

阮籍：礼岂为我辈设①

> 阮籍嫂尝还家，籍见与别。或讥之②，籍曰："礼岂为我辈设也？"
>
> ——《世说新语·任诞》

在儒家礼教的所有禁忌条文中，关于叔嫂避嫌这一条，是最让人感觉到无趣的。世界上许多语言中，并没有"嫂"这样一个专名，大致以"法律之姐""义理之姐"等方式来表述，即便在礼教中国的民间，把嫂子直接称呼为姐姐，也是极普遍的现象。这就说明，将嫂叔关系处理为姐弟关系，是最为合情合理的。儒家礼教要求弟弟服从兄长，叫做"悌"，如果同时要求尊重嫂子，那也符合逻辑。但主张避嫌，连见面问候都要禁忌，不但实际上多数家庭做不到，而且本质上是以某种非常不堪的预想来破坏家庭的温馨气氛，让人难以接受。

当然，这一条礼教的产生，可能有其历史原因，它也许是中国先民在古代世界率先告别群婚制的证据。但唯其如此，在进入文明社会后，就更无必要墨守此条禁忌。有趣的是，孟子在阐述礼教必

---

① 阮籍（210—263）：字嗣宗，三国魏人，"竹林七贤"之一。
② 或讥之：有人嘲讽他。据《礼记·曲礼》："嫂叔不通问。"阮籍的行为有违这一条礼教，所以被嘲讽。

须灵活对待的观点时，举例说：虽然男女授受不亲，但嫂子掉到水里的时候，还是应该伸手去救的。平时不伸手是遵守礼教，这个时候不伸手就是豺狼了。孟子可以举的例子很多，别的不举，偏偏就是嫂子的问题脱口而出，这便说明，早在战国时代，人们便把叔嫂禁忌看作礼教当中最不妨放弃的一条了。

阮籍的意思其实很简单：既然我和嫂子之间没有什么见不得人的事，那么在她回家的时候，见个面、告个别，又有何妨？如果说到礼教，那是为了防范盗嫂的人而设的，像我这种不盗嫂的人，就没有必要墨守。不过，"礼岂为我辈设"这句话，可以扩展开来理解，按照同样的思路，可以宣称所有礼教条文都不必遵守。因为如果把礼教看作防范的手段，那么目的既然已经达到，手段便不妨废弃了。这显然是一种过激的言谈。

对于阮籍来说，这样的过激言谈可能是他唯一的辩护方式。礼教不是法律，法律是现实社会的契约，可以按一定的程序作出修改，礼教却是锁定在古代经典里的条文，要么遵守，要么废弃，谁也无法修改。阮籍不敢明言废弃，他只好说，"我辈"可以例外看待。这几乎是没有办法的办法，但此话一出，也就得罪很多人。只有少数心念好的人，觉得阮籍说的"我辈"应该包括了自己；多数人听到这样的话，便主动自居于"我辈"之外，然后大为恼火：凭什么"你辈"就高人一等，可以与我们不同？于是有人郑重向司马昭建议，把阮籍杀掉。司马昭杀了阮籍的朋友嵇康，却没有杀阮籍，但阮籍也只活到嵇康被杀害的次年而已。

杜预：臣有《左传》癖①

时王济解相马②，又甚爱之，而和峤颇聚敛③。预常称济有马癖，峤有钱癖。武帝闻之④，谓预曰："卿有何癖⑤？"对曰："臣有《左传》癖。"

——《晋书·杜预传》

王济并不需要以相马来谋生，和峤也并不缺钱用，他们的"马癖"和"钱癖"完全出于一种性情，或者说兴趣。六朝人对于这种发自内心的真实性情，是主张给予肯定的。但从杜预的话来看，同样是真性情，似乎也有些高下之分，他的"《左传》癖"好像更值得自豪一些，因为《左传》毕竟比马和钱来得斯文。其实，按照当

---

① 杜预（222—285）：字元凯，中国历史上最典型的儒将。作为西晋将领，他是东吴割据政权的终结者；作为经学家，他的《春秋左氏经传集解》被列入"十三经"。

② 王济：字武子，晋武帝婿。其人英俊而早慧，生性奢侈，善于相马。解：懂得。

③ 和峤：字长舆，当过西晋的中书令、太子少傅等，曾预定灭吴大计。他的家里很富有，但个性非常吝啬。聚敛：把钱财集中收藏起来。

④ 武帝：晋武帝司马炎。

⑤ 卿：君主对臣下的爱称。

时人的普遍说法，杜预的真正癖好是"名"，《左传》是他博取名气的手段。除了这个手段外，还有一个办法就是刻许多碑，刻了以后不但要放在山上，还要沉到水底，因为沧海桑田，现在的山以后会变成水，现在的水以后会变成山。杜预一生最担心的事，就是后人把他这么一个杰出的人物给忘掉了。

杜预是个成功的人，他展示了一个令中国人非常着迷的形象：良夜灯下，坐在大司马军帐中，阅读《春秋左传》。这个形象后来被移到《三国演义》中的关羽、《水浒传》中的关胜身上。人们觉得这样的将军甚有气质和风度。但杜预并不是做做样子而已，他对《左传》的研究确实可以千古。如今，他刻的那些碑，无论放在山上的、沉到水底的，都已经不见踪影，他在军帐中读书的形象也被别人占据了去，真正让他的令名不朽的，倒是《左传》之学。

所以，当杜预自述他的"《左传》癖"时，那隐含的一缕得意之情，确实让人感到这比王济的"马癖"、和峤的"钱癖"更有价值。但后世也有人不以为然，那就是李清照，她在丈夫赵明诚死后，给赵明诚的《金石录》一书写了一篇著名的序文，其中说："钱癖与传癖何殊？名虽不同，其惑一也。"高雅的爱好也不过是一种迷惑而已。她丈夫赵明诚身为宰相之子，却不喜声色犬马，毕生精力都花在收集和编录金石之上，然而遭遇靖康之乱，他们家收藏的文物跟其他纨绔子弟家的金银玉帛一样地成为逃难时的累赘，消散殆尽，而辛苦的精力付出反而令赵明诚英年早逝。李清照的如此深刻的悲痛，当然是一心刻碑以图不朽的杜预所不能预想的了。

嵇康：人性以从欲为欢①

推其原也②，六经以抑引为主③，人性以从欲为欢。抑引则违其愿，从欲则得自然。然则自然之得，不由抑引之六经；全性之本④，不须犯情之礼律⑤。

——《难张辽叔自然好学论》

嵇康的朋友张邈，字辽叔，作了一篇《自然好学论》，说他看到六经，就好像在黑暗中看到了太阳，自然便喜欢学习。嵇康对他加以驳难，说这不是"自然"。人的自然本性是追求随心所欲的快乐，而六经对人却有压抑，有教导，有许多违反愿望的规矩要你去遵守，哪里谈得上"自然"？

史书上很少见到有关张邈的记载，《三国志·邴原传》的裴松之注中，引了荀绰《冀州记》的文字，说张邈是魏的辽东太守，为人器量很大，城府很深，别人都难以测度他的心思，到司马氏篡魏而

---

① 嵇康（223—262）：字叔夜，三国魏人。他是当时"名士"的代表人物，"竹林七贤"之一，后被司马昭所杀。从欲：随心所欲。
② 推其原：推究本原。
③ 抑引：指六经对于人的欲望，有抑制或引导的作用。
④ 全性：完全地保持人的本性。
⑤ 犯情：违反人的真性情。礼律：指儒家的礼法。

建西晋王朝，张邈又当了城阳太守。此时嵇康早就被司马昭杀害了。

按理说，把六经视为太阳的张邈，才应当是个"不事二主"的忠臣，若在"司马昭之心路人皆知"的时候，奋起反抗而遇害，倒不愧为言行一致。反过来，主张取法自然、保全本性的嵇康，本可以像草木麋鹿一般自然地生存，与任何野心家都无碍。但在魏晋交替之际，所有的事情都倒了过来，追逐太阳的人没有被烧死，草木麋鹿则横遭斧斤。

孟子有个著名的批评理论，叫"知人论世"。对于魏晋时期的人物来说，这是一种非常必要的认知方法，因为他们所宣扬的主张与所践履的行为，以及内心真正的道德操守，往往并不一致，如果简单地从字面去理解，不联系时世与说者的生平，就难以明了真相。当嵇康说"自然"的本性不喜欢读书的时候，在许多人听来是很刺耳的声音，仿佛是被他嘲笑："不要以为我不知道你们读书的真实目的，就是想捞一点利禄而已，我才不屑呢！"或者竟是一种斥责："像你们这样读了书还依然干坏事，那还不如不读！"如此声音，理所当然必须从大地上消灭了才好。据说，嵇康临死的时候，抚琴弹奏一曲《广陵散》，然后说："我这《广陵散》，从此就失传了。"这个故事形容了嵇康的潇洒风度，其实也很像一个寓言。《广陵散》或者也是一种刺耳的声音，剿灭这声音，本来就是杀死嵇康的目的。

犹如一个人走到街上，看到了满街的衣冠禽兽，于是他只好脱去衣冠来表明自己是人，而衣冠禽兽们便根据"只有穿了衣冠才是人"的原则，把他判为禽兽而弄死了。

王弼：不能无哀乐以应物①

圣人茂于人者②，神明也③；同于人者，五情也④。神明茂，故能体冲和以通无⑤；五情同，故不能无哀乐以应物。然则圣人之情，应物而无累于物者也⑥，今以其无累，便谓不复应物，失之多矣⑦。

——《三国志》裴松之注引何劭《王弼传》

每个人，除了明白事理的智慧、理性之外，还有与生俱来的情感；而理智与情感，在很多时候会处于对立的状态。那么，看来只有克制甚或去除情感，才能正确认识和处理事物了。不过王弼认为，那样的人绝不是圣人。圣人不是神，他也是人，当然比一般人聪明

---

① 王弼（227—249）：字辅嗣，著有《老子注》《周易注》等，魏晋玄学的主要创始人之一。应物：对外界的事物产生情感上的反应，比如喜欢或厌恶等。
② 茂：多，丰富。
③ 神明：智慧、理性。
④ 五情：喜、怒、哀、乐、欲，泛指人的情感。
⑤ 体冲和以通无：明白根本的道理，了解事物的本质。无，王弼认为世界的本质是"无"。
⑥ 无累于物：精神不被外界的事物牵着走。
⑦ 失之多矣：错得多了。

得多，但在情感方面是跟一般人相同的。因为聪明，他不会迷失于外界的事物，但这些事物同样引起他的情感上的反应，喜怒爱憎之类，都是有的。

既然如此，圣人也免不了理智与情感的矛盾，就不能保证他的判断和行为一贯正确。这也就是说，圣人也会做错事。然而，正如《论语》记载的孔子说法："不贰过。"圣人比一般人高明的地方在于，不会第二次犯同样的错误。

探讨圣人是怎么回事，并非一件无意义的事。正如西方人探讨上帝一样，中国人也以探讨圣人来表达一些重要的思想。而且，对圣人的探讨也表明了中国思想的特点。拿圣人跟上帝对比，他们都是最崇高的标准，却有人与神的区别。以神为标准，这标准是在人类生活之外，高高悬置；而以人为标准，则标准本在人类生活之内，令人感到亲近。

那种绝对不容亵渎的纯洁、神圣、崇高，是从神性导出的观念，没有经受西方文化浸染的国人是难以真正领会的。正如西方人对我们就任何事情、任何场合都可以讨价还价觉得难以理解一样。看"乔太守乱点鸳鸯谱"，我们觉得很高兴，觉得这位太守没有被礼教束缚，做了一件好事；其实大多数古人也感到高兴，而不顾其已经亵渎了礼教。他们心目中的礼教本不那样超绝世俗，因为规矩都是人定的，人自然可以灵活处置，只要结果对大家有利，便不妨赞同。这叫"守经达权"：既遵守规矩，又能权宜处置，正是圣人的本事。所以，作为人格、道德之理想的不是神，而是"不能无哀乐以应物"的圣人，这一点对于理解中国思想和社会是相当重要的。

袁宏：弗动远略①

三代建国②，弗动远略……君臣泰然，不以区宇为狭也③，故能天下乂安④，享国长久。至于秦汉，开其土宇，方于三五之宅⑤，固以数倍矣⑥，然顾瞻天下，未厌其心⑦，乃复西通诸国，东略海外。故地广而威刑不制⑧，境远而风化不同⑨。祸乱荐臻⑩，岂不由斯？

——《后汉纪》卷十四

东汉时代，班超（《汉书》作者班固之兄）于公元73年"投笔从戎"，带着三十六人出使西域的鄯善国，杀死匈奴使者，迫使其国

---

① 袁宏（约328—约376）：字彦伯，东晋史学家，撰有《后汉纪》，是一部东汉的编年史，其中插入作者的议论较多。弗动远略：不急着征服远方的土地、人民。
② 三代：指上古的夏、商、周三代。
③ 区宇：统治的疆域。
④ 乂安：太平无事。
⑤ 方：比较。三五之宅：上古三皇五帝的治理区域。
⑥ 以：已。
⑦ 厌：满足。
⑧ 威刑：威力、刑法。制：制服。
⑨ 风化：风俗、教化。
⑩ 荐臻：连续地到来。

归汉；接着又至于阗，击杀主张疏远汉朝的巫师，为汉收服于阗；次年复赴疏勒，俘其国王，另立新君，而身居其地以为镇守。公元76年东汉停止经营西域，而班超还在疏勒，置身塞外，在西域诸国间纵横捭阖，往来驰骋，于87年率于阗兵攻克莎车，90年又大败月氏贵霜王朝的东征军队，91年收复龟兹、姑墨、温宿等地，是年汉以班超为西域都护，超遂居龟兹，于94年攻破焉耆。于是，西域五十余国皆送王子到汉朝为质，表示内属，而中、西亚的安息、条支都远来通使于汉，丝路大通。97年，班超遂遣甘英出使大秦（罗马帝国），写下中西交通史上的千秋壮观。他于102年返回洛阳，翌年去世。针对班超的这番辉煌业绩，袁宏却加以冷酷的批评，发出"弗动远略"的议论。

袁宏身处的东晋小朝廷，与东汉的大帝国气象，自然不可同日而语，所以，我们尽可以把他的议论看作一个没出息的时代所作的自辩。不过，从历史上看，在古代世界，以军事征服为手段建立的多民族、跨文化的帝国，能维持的时间确实是有限的。而以比较单纯的民族文化来建设一个相对较小的国家，则由近代世界的所谓"民族独立运动"确立了它的正当性。当然，这民族的人口范围与国家的疆域大小，就完全取决于其生活在征服帝国时代的祖先努力的程度。中国文化的早熟，使袁宏几乎产生了这种颇具近代意味的思想，也许东晋时代的汉族已经有一部分人萌发了厌战情绪，和独立建设民族国家的愿望。事实上，东晋南朝也差不多可以称为汉民族国家。由于周边民族的新鲜血液大量汇入汉族血统，使中国在不久后再度走向征服帝国，而且是比秦汉帝国更为强大的隋唐帝国。但此后的宋朝，又差不多成为汉民族国家，宋人的笔下又出现过类似的议论。然而，在当时的世界上，这依然是过于早熟的。

陶渊明：箪瓢屡空，晏如也①

> 环堵萧然②，不蔽风日。短褐穿结③，箪瓢屡空，晏如也。常著文章自娱，颇示己志。忘怀得失，以此自终。
>
> ——陶渊明《五柳先生传》

陶渊明的《五柳先生传》，是一篇很简短的、漫画式的自传。其中提到他甘于贫贱、隐居求志的理由，就是效法颜回的"箪瓢屡空"而自得其乐。

颜回是孔子最中意的学生，但在孔子之前就结束了短暂的一生，他的生命轨迹只在《论语》里面留下一点点痕迹，就是一个听老师话的、穷居自乐的形象。他既没有建功立业给人瞻仰，也没有著书立说供人探讨，可是从汉代以来，这位毫无"成果"的青年却被供

---

① 陶渊明（365—427）：字元亮。一说名潜，字渊明。东晋、刘宋间人，早年曾担任低级官职，后来退出官场，成为著名的隐士。死后谥为"靖节"。箪瓢句：指生活条件极其困乏。原是《论语》中孔子称赞学生颜回的话，说他穷居陋巷，只有一箪食，一瓢饮，却能"不改其乐"。又说他"屡空"，就是经常空乏无财，却不像子贡那样去做生意。晏如：安之如素。

② 环堵：四面墙壁，意谓家里空荡荡的。萧然：空寂貌。

③ 褐：布衣。穿：破洞。结：补缀连结。

奉为中国文化的先师。古代的学校，上至太学，下至村塾，一定要树两块牌位：一块是"先圣"，一块是"先师"。这"先圣"自然是孔子，而"先师"就是颜子。到死还在做学生的他，被认作千秋万代读书人的老师，简直可以看作一个奇迹。究其原因，是古人认为颜子以他穷居而能自乐的表现，展示了内在精神天地的宽广，这种内在的洞达和坚定，就是儒家讲的"内圣"，颜子就是这方面的典范。至于"内圣"了以后能否取得"外王"的成果，那要看条件，不能作为评价的标准。

若在今天的大学里，颜子这样的"先师""内圣"也许会被扫地出门的。然而真正的思想家不这么看。比如周敦颐对程颐的启发，就是教他去想颜子"所乐何事"；程颐在二十多岁的时候，以一篇《颜子所好何学论》征服了太学里的师生，获得第一批追随者；苏辙晚年罢官闲居十几年，也觉得自己越来越理解颜子了。就陶渊明来说，他的隐居也并不是学道家，而是学颜子。不过陶渊明对颜子的态度有些矛盾，他曾在诗中言道，像颜子那样在追求"内圣"中度过了所有的岁月，"虽留身后名，一生亦枯槁"，生涯未免枯燥了一些。这个说法引起杜甫的不满，也有诗云："陶潜避俗翁，未必能达道。观其著诗集，颇亦恨枯槁。"既然陶渊明觉得颜子那样的生涯未免枯槁，那就表明他本人没有"达道"，没有真正做到内在的洞达和坚定，其隐居也只不过"避俗"而已。也许我们可以从中窥见颜子在杜甫心目中的分量。确实，颜子一直"不改其乐"，何尝感到枯槁？

竺道生：一阐提人皆得成佛[①]

六卷《泥洹》先至京师[②]，生剖析经理，洞入幽微，乃说一阐提人皆得成佛。于是大本未传[③]，孤明先发[④]，独见忤众[⑤]。于是旧学以为邪说……后《涅槃》大本至于南京，果称阐提悉有佛性，与前所说若合符契[⑥]。

——《高僧传》卷七《宋京师龙光寺竺道生传》

中国的儒家经典，数量虽然略多，毕竟也有限。但佛教则不同，

[①] 竺道生（？—434）：俗姓魏，东晋、刘宋之际的佛学大师。一阐提人：穷凶极恶、断灭善念，即使佛也无法挽救之人。就好像死尸，最好的医生也救不活，又如烧焦的种子，再怎么甘雨普降，它也不会发芽。

[②] 六卷《泥洹》：指东晋法显与印度僧人佛陀跋陀罗合作翻译的《大般泥洹经》六卷，其中主张一切众生都有佛性，可以成佛，但一阐提人除外。泥洹，涅槃的另一种音译。京师：指建康（今江苏南京）。

[③] 大本：指北凉昙无谶翻译的《大般涅槃经》四十卷，里面讲到一阐提人也具有佛性，可以成佛。

[④] 孤明：孤立的正确认识，与下句"独见"的意思相近。

[⑤] 忤众：违逆众人。

[⑥] 前所说：指竺道生的说法。若合符契：完全一致。

大大小小的佛经多如牛毛，而且层出不穷，甚至难以追究其产生的时间与地点。就中国佛教来说，只把直接用汉文编造的称为"伪经"，而只要是翻译的，无论其外文原本的情况如何，大致都可算作"真经"。其实，人们早就发现"真经"之间也有许多矛盾，如果相信一方为"佛说"，便要斥责对立的另一方是"魔说"，而在教外人士看来，原本都是不同的"人说"而已。不过，中国古代的佛教徒大致都很认真，所以佛教经典的整饬情况，比道教经典要好得多。至少其间的矛盾大都经学问僧的探讨后，得到了梳理，不像道书那样把奇谈怪论也堆积得杂乱无章。

　　佛教徒如何疏理经典中的矛盾？其原则有所谓四依：依法不依人，依了义经不依不了义经，依义不依语，依智不依识。实际上，无非是根据自己对教义的总体理解，从学说的逻辑性上去判断是非，有时候可以超越文本层面的意思和流行的权威观点。可以想见，在佛教传译之初，中国的僧人是没有这种能力的；到了传译既久，积累渐厚，有的僧人具备了这样的能力，却也未必有这样的勇气。如果有能力和勇气兼具的人出现，那就标志着"中国佛学"已经建立起来。竺道生适当其任。他把"佛性"即成佛的可能理解为一切众生的最高普遍性，由此果断地判定任何特殊的众生都包含这普遍性，一阐提人自也不会例外。尽管当时译出的六卷本《大般泥洹经》明确主张一阐提人不能成佛，道生也不惜违众发言，甚至被排斥为邪说，仍自信不疑。最后当然由四十卷本的《大般涅槃经》证明了他的正确性。

范晔：贪孩童以久其政①

东京皇统屡绝②，权归女主③，外立者四帝④，临朝者六后⑤。莫不定策帷帘⑥，委事父兄，贪孩童以久其

---

① 范晔（398—445）：字蔚宗，刘宋时人，著《后汉书》，其中各部分的前面有序，后面有论，多所批评。后以谋反被诛。贪孩童句：意思是太后和外戚想长久控制权力，所以总喜欢策立一个小孩来做皇帝。孩童：指年幼的皇帝。

② 东京：东汉。皇统屡绝：皇帝的血统经常断绝。指东汉的好几个皇帝死时，都没有儿子，要到宗室中找人来继承。

③ 女主：指掌权的太后。

④ 外立：从诸侯（刘氏宗亲）中挑选一人，策立为帝。四帝：汉安帝，原是清河王之子，由邓太后策立；少帝，原是北乡侯，由阎太后策立；桓帝，原是蠡吾侯，由梁太后策立；灵帝，原是解渎亭侯，由窦太后策立。

⑤ 临朝：因皇帝年幼，太后出面处理朝政。六后：汉和帝即位时，年十岁，窦太后临朝，其兄窦宪执政；殇帝即位时才生百余日，次年即死，立十三岁的安帝，皆由邓太后临朝，其兄邓骘擅权；少帝（北乡侯）由阎太后策立，太后临朝，其兄阎显擅权；冲帝即位时年二岁，次年死，立八岁的质帝，次年亦死，再立十五岁的桓帝，前后皆由梁太后临朝，其兄梁冀为大将军；灵帝即位时年十二，窦太后临朝，其父窦武为大将军，少帝（灵帝子辩）即位时年十四，何太后临朝，其兄何进为大将军。

⑥ 定策：决定谁做皇帝这样的大事。帷帘：帐幕之内，意谓宫中。

政,抑明贤以专其威。任重道悠①,利深祸速。……终于陵夷大运②,沦亡神宝③。

——《后汉书·皇后纪序》

  范晔借东汉宫闱变故的历史,指出了君主专制的中央集权政体所包含的一个心腹之患。这个政体给了君主以无上的权威,却也对君主本人的掌控能力提出了无上的要求,而父死子继的制度根本不能保证每一个君主都具备这样的能力,所以大权旁落是必然的。那旁落的大权,最容易落到两种人手里:一是宗室,一是外戚。由于宗室天生具备夺走皇位的条件,一般要被提防,而外戚的身份并非天生,会随着君主的更替而改变,所以外戚更依赖在位的君主,当然也更受信任,成为实际上最能掌权的人。这样就产生一个恶性循环:一个皇帝在位,其外戚可以风光一时,但换了一个皇帝后往往被杀戮殆尽,随之产生新的外戚;为了继续掌控权力,也为了不被杀戮,外戚不得不在皇位继承问题上大做文章,就是范晔所谓"贪孩童以久其政",用太后的名义策立幼君,以便控制;此种局面之下,这幼君肯定难以健康成长,经常不能为后世提供天然的继承人(太子),就早早去世,于是接下来又会由新的或旧的外戚去找一个幼君来摆布……最后的结果,当然是王朝的覆灭。

---

① 悠:远。
② 陵夷:由高变为低,比喻衰落。大运:通常指一个王朝的命运。
③ 神宝:指国家权力。

萧纲：文章且须放荡①

> 立身之道与文章异。立身先须谨重②，文章且须放荡。
>
> ——《诫当阳公大心书》

"放荡"既然跟"谨重"相对，大约是不必遵守一般道德律的意思，而且是"且须放荡"，即写作的时候暂且必须如此，跟平时的作风不一样。但无论如何，"放荡"总是一个跟欲望有关的贬义词。这样，写作的情形有点像演员进入反面角色，在特定场合下尽情地做一个坏人，等到出了戏，在实际生活中，便要认认真真做好人。虽然萧纲说这番话的本意，是想强调一个人平时要学好，但引起现代学者注意的，却是他对写作的看法，为什么写作的时候就必须暂且不守规矩？难道写文学就可以不守规矩吗？

从萧纲的说法，可以很容易地推得一个前提：文章不放荡就不好看。根据常识，我们也不难推翻这个前提，因为严肃的文章未必就不好看，像司马迁、班固的文章，谁说不好看呢？所以，从逻辑

---

① 萧纲（503—551）：字世缵，南朝梁简文帝。他即位才两年多，就被叛臣杀害。平生好学，著述甚多，但基本上都已散佚，现存只有《梁简文帝集》辑本。

② 谨重：谨慎、持重。

上讲，萧纲的结论是错误的。可是，凭直觉，我们会觉得萧纲似乎说得也有点道理，如果把这里的"文章"理解为文学创作，那么，主张创作时的精神状态与平常不同，是可以接受的。至于不同在哪里，当然不是作风的"谨重"与"放荡"可以概括的，不过在强调道德规范高于一切的礼教中国，有人在文学世界里可以"放荡"一下，便成为值得关注的事。文学世界本来丰富多彩，但礼教中人却只看到文学是一个"放荡"的所在。犹如叔嫂关系本来多种多样，但主张"嫂叔不通问"的礼教，却只担心这两个男女可能发生违背礼教的关系。

从晋宋以后，文学作品越来越注重辞藻的华丽，其下一步就是内容的"放荡"。萧纲本人所擅长的"宫体诗"，以描写宫女身姿、睡态甚至思春的情状为能事，确实是"文章且须放荡"的标本。但同时又主张做人要严肃，并身体力行地倡导刻苦好学的风气。似乎是说，一个人的不适当的欲望都通过文学创作"放荡"出去了，那么在现实生活中就可以遵规守矩。这是一种奇异的设想：以文学的堕落为代价，来换取良好的社会风气。与另外有些人想依靠文学的神圣、纯洁来拯救堕落的世道人心，恰恰各走了一个极端。

同时，不该忘记的是，萧纲是个皇帝。而具有文艺特长的皇帝，往往是失败的，如南朝陈后主、隋炀帝、南唐李后主、宋徽宗等，无不破国亡家，萧纲也未例外。但萧纲与另外几位显然有些不同：他们并未把文学与生活看成相反的两件事，而是在文学和生活中一以贯之地"放荡"；萧纲却具备足够的理性和自制力，把"放荡"控制在文学领域，给它一个适当的去处，不会再带来麻烦。

萧绎：可久可大，莫过乎学[①]

可久可大，莫过乎学。求之于己[②]，道在则尊[③]。

——《与学生书》

萧绎是萧纲的弟弟，他们还有一个早死的长兄，就是以编纂《文选》著名的昭明太子萧统。这三兄弟都是非常上进的皇家子弟，他们喜欢结交有学问、有文才的朋友，自己也刻苦学习，勤于著作，希望能自成一家。萧绎可能是其中最突出的一位，从小就爱读书，即便老师没有教过的，字也不认识，意思也不懂，还是喜欢捧着看，不知厌倦。到十二三岁时，竟因为勤奋过度而生起重病，长了疮疥，肘部和膝盖都烂了，手捏不成拳，腿不能弯曲，但他还是闭门苦读。夏天的晚上，为避免苍蝇、蚊子的干扰，他就躲在蚊帐里面，身边放一个瓶子，装着甜酒，实在病痛得难受时，就喝一口舒缓一下，继续埋头苦读。他每天要读二十卷书，经常通宵达旦，如此三十余年。他的著述也很多，据说有十七种，近四百卷。可惜大都散佚了。

[①] 萧绎（508—555）：字世诚，南朝梁元帝。他当了两年皇帝，就被西魏军队俘虏，即遭杀害。生平好学，喜欢谈玄和讲课，著作今存《金楼子》及《梁元帝集》辑本。

[②] 求之于己：意谓不要依赖外在的关系，应该严格要求自己提高修养。

[③] 道在则尊：通过学习掌握了道理的人，便具有尊严。

除了自己苦读外,萧绎也重视学校教育,并且喜欢自己到学校去讲课。他称得上是一个模范的教师,为了备课可以废寝忘食,夜以继日,而无论身体或心情多么不好,一讲课就完全投入到学问世界,忘了一切烦恼,而且亲自给学生写信,鼓励他们好学自尊。西魏的军队前来攻打,作为皇帝,军国大事如此繁忙的时候,他还在龙光殿讲授《老子》。其对于学问和教育的专注,超过了绝大多数的学者。

他收集的古今图书也堪为观止,史载有十四万卷。不过,在兵败被俘的前夕,他命人把这十四万卷图书一把火烧掉了。有人问他为什么要烧书,他说:"读书万卷,犹有今日,故焚之。"如此虔诚的一位学者和教师,最后走到了对学问彻底绝望的尽头。

当萧绎教导学生要好学自尊时,他是坚信读书的效能"可久可大"的,而事实却与其实际的结果正好相反。明末清初的王夫之指出:萧绎对读书的喜好,性质与"淫"一样。要把书中的理论意蕴、历史事实和行文艺术一一探究明白,当然非读破万卷不可,而且越是沉浸深入,便越觉趣味浓厚,身体病痛可以不顾,现实世界的困惑也可以忘怀。在王夫之看来,这种读书癖与另外有的人一味沉溺于酒色,其状态相似,性质也并无不同,所以危害也与"淫"一样。这当然是主张联系实际,以"经世致用"为宗旨的人对于"纯学问"的批判。但,假如萧绎不是皇帝呢?

智顗：如来性恶不断，还能起恶①

佛虽不断性恶，而能达于恶②。以达恶故。于恶自在③，故不为恶所染，修恶不得起④。故佛永无复恶。以自在故，广用诸恶法门化度众生⑤，终日用之，终日不染。不染故不起。……如来性恶不断，还能起恶。虽起于恶，而是解心无染⑥。通达恶际即是实际⑦。

——《观音玄义》卷上

善事是人做的，恶事也是人做的，所以，在人的本性中，为善与为恶的可能性都抽象地存在。那么佛的情形如何呢？既然所有众生都具有"佛性"，说明佛与众生在本性上是一致的，由此可以判

---

① 智顗（538—597）：生活于南朝梁、陈及隋朝的高僧，俗姓陈。隋炀帝封他"智者大师"，是中国佛教天台宗的创始人。性恶：本性之恶，即作恶的抽象可能性。断：消灭。

② 达：明白了达。

③ 自在：自由无碍。

④ 修恶：与"性恶"相对，即具体所行恶事。

⑤ 诸恶法门：以各种各样的恶，作为引导众人皈依佛法的手段。

⑥ 解心：了解、解脱之心，即上文说的"达于恶"。

⑦ 恶际：恶的边界，即其全部表现范围。实际：实相的边界，即佛性的全部表现范围。

断，佛也"不断性恶"，同样存在作恶的可能性。而且，佛性既然是最高的普遍性，则其具体化的各种表现，无论为善为恶，都根源于此。如果说善的表现是佛性的具体化，那么恶的表现也是佛性的具体化，否则佛性就不能成为最高的普遍性。如此一来，佛性本身一定具备"性善"和"性恶"两个方面，佛也就必然"不断性恶"了。

尽管这样的说法乍听之下有些惊世骇俗，但逻辑上理当如此。在智者大师看来，把佛与佛性想象为纯粹的善，至少是一个可爱的误解。如果佛完全断灭了性恶，那他连理解恶的能力也没有了，这又怎能引导恶人去向善呢？实际上，再怎么善良的人，也只是不做恶事，要说他连做恶事的能力也没有，那就除非他同时也不具备做善事的能力。佛是全能的，所以"起恶"的能力是有的。接下来真正需要解决的问题是："不断性恶"、具备"起恶"能力的佛，为什么能永远不做恶事？

智𫖮求助于佛的智慧。正因为佛能够全面地了解恶是怎么回事，所以才不会被恶所污染，而且还能够把各种各样的恶引导向善，"用诸恶法门化度众生"，同时自己又不会沦入邪行。应该明白，恶的全部表现范围就是现实的世界，这现实世界也是佛性所能表现的全部范围。

所以，智者大师与恶贯满盈的隋炀帝真正相知。因为他不光是哲学家，也是宗教家。他不仅仅是如此思考，也如此做。

王通：西方之教也，中国则泥①

或问佛，曰："圣人也。"曰："其教何如？"曰："西方之教也，中国则泥。轩车不可以适越②，冠冕不可以之胡③，古之道也④。"

——《中说》卷四

承认佛是圣人，又强调佛教不适合于中国，这是从文化冲突的观念上看待问题。如果一味站在儒家礼教的立场上，可以简单地指责佛教徒"无父无君，是禽兽也"，全盘否定之，不该将佛推崇为圣人；反过来，如果完全站到佛教的立场，那么圣人的教导自是天经地义，放之四海而皆准，岂会不适合于中国？所以，王通的文化观念，颇值得我们推考其产生的根源，这对于今天的人们也不乏启示

---

① 王通（584—617）：字仲淹，隋代思想家。他三十四岁就去世，年纪不大，但据说弟子很多，并且死后由弟子们私谥为"文中子"。唐末宋初的一些学者把他列在儒家的"道统"中，其言行见于《中说》一书。西方：指印度。西方之教即佛教。泥：难行。

② 轩车句：驾着高大的车马，无法到东南的水乡去，因为那里是用船做交通工具的。

③ 冠冕句：汉族人戴的帽子，到了北方的少数民族那里，就没有用，因为他们从来不戴帽子。

④ 古之道：自古以来就是这样的道理。

的意义。

首先应该弄清楚一件事,就是王通心目中的"中国",究竟何所指?经历了东晋十六国与南北朝的长期对峙,在刚刚统一的隋王朝,"中国"并不是个简单自明的概念。从汉族血统的角度来说,东晋南朝是汉族政权的延续,如果隋王朝是南朝的继承者,则自名为"中国"是天经地义的;但问题在于,隋朝政权分明自北朝而来,虽然吞并了南朝,谁也不能否认其渊源来自"夷狄",若要自称"中国",至少需对历史作一些说明。从《中说》记载的王通言论来看,他认为东晋和刘宋可以算"中国",但南朝的齐、梁、陈就不能算"中国",已经沦落为"四夷"了;而北魏有孝文帝的汉化改革,"中国之道不坠,孝文之力也",从此以后,北方的朝廷才可以叫做"中国"。理由是,北魏的统治者虽然源自"夷狄",但他们的政策受到中国老百姓的拥护,而只有能够保护中国百姓、保持儒家衣冠礼乐的政权,才是"中国"的"吾君"。所以,王通的"中国"主要不是指汉族血统所在,而是就政教文化而言的。这当然是因为隋朝本身来源"不正",所以在理论上不得不如此大费周折;但超越血统而从政教文化上确立"中国"的含义,对于隋唐帝国的意识形态建设来说,其重要性是不言而喻的。

其次,还是要回到佛教的问题。十六国北朝的君主,有的因为承认自己是"夷狄",而觉得推崇佛教这样的"夷狄之教",是完全合理的;有的因为要自居于"中国"的正统,而采取行政手段来"灭佛",强制取缔佛教。王通认为,这两种态度都不对。作为"中国"人,只有努力修明自己的儒家政教,使之具有统一人心的力量,才能自然地解决外来宗教的问题。

慧能：佛性本无南北①

  至黄梅礼拜五祖②。祖问曰："汝何方人？欲求何物？"慧能对曰："弟子是岭南新州百姓③，远来礼师，唯求作佛，不求余物。"祖言："汝是岭南人，又是獦獠④，若为堪作佛⑤？"慧能曰："人虽有南北，佛性本无南北。獦獠身与和尚不同⑥，佛性有何差别？"

         ——《六祖大师法宝坛经·行由品第一》

  把大字不识的慧能所创立的南禅宗，当作中国历史上的一个哲学流派来研究，很可能是文不对题的做法。南北朝佛学的精湛和丰富是令人惊异的，今人能够概括出的南禅宗的种种理论要素，无一不可在南北朝佛学中找到先例，几乎没有什么新创；而且，这些理论要素本来分属于各种不同的理论体系，南禅宗的僧人利用它们，是采取了随机抽用的方式，并不考虑前后矛盾或望文生义的误解。

---

 ① 慧能（638—713）：唐代禅僧，南宗创始人，俗姓卢，故又称卢行者，后谥大鉴禅师。
 ② 黄梅：今湖北黄梅。五祖：禅宗的第五祖弘忍。
 ③ 新州：今广东新兴。
 ④ 獦獠：南方的少数民族，泛指南方人。
 ⑤ 若为：凭什么。
 ⑥ 和尚：对僧人的尊称，这里指五祖弘忍。

比如慧能在初见弘忍时关于"佛性"的这番问答,当然是禅宗史上著名的公案,但若考究其哲学含义,则"一切众生皆有佛性"的说法,原本毫无新意,而且,慧能的继承者在另外的场合,有的断言"狗子无佛性",有的又说除了"众生"外,墙壁瓦砾也有"佛性",谁也不认为他们违背了"一切众生皆有佛性"的基本理论。所以,南禅宗的问题,恐怕不是哲学问题。

也许正因为慧能不识字,使他摆脱了从理论到理论的抽象演绎,而能够将理论简单直接地切入现实生活的本身。贵族社会的佛学大师,可以从逻辑上坚持"佛性"的普遍平等的存在,但何尝在现实生活中贯彻平等的原则?弘忍的发问本身便违背了"一切众生皆得成佛"的理论成果,即便他是有意考验慧能的根器如何,也反映出唐代社会上仍然普遍地存在不平等的成见。在强大的成见面前,运用同样已经深入人心的理论成果来简单地斥破之,当然比新创一套复杂的理论要有效得多,但这种运用的能力,却并不是理解了该理论的佛学家都具备的,而慧能的长处,却就在他能随机运用,并且快速反应、单刀直入地解决问题。

不过,若认定这仅仅是对反应能力的考验,也是极为表面的。仅仅靠反应力的快慢来见高低,不免成为游戏。俗话说:"老和尚念经,有口无心。"其实,研究高深理论的佛学家,也大多有口无心,在慧能看来,他们从智力上早就达到了对佛学命题的理解,但并不真正拥有全身心"成佛"的体验。理论不需要很复杂,关键在于是否与实际生活、现实人生融合为一,那叫"直下承当",其结果也不是用著作来体现,而是"如人饮水,冷暖自知"的。总体上说来有些神秘,但在各种场合的快速反应、自由运用,就以内在的"成佛"为根基。

法藏：一一毛中，皆有无边师子①

师子眼、耳、支节②，一一毛处，各有金师子。一一毛处师子，同时顿入一毛中，一一毛中，皆有无边师子。又复一一毛，带此无边师子，还入一毛中。如此重重无尽，犹天帝网珠③，名"因陀罗网境界门"④。

——《华严金师子章》

十个一相加成为十，十里面当然包含着一。反过来，既然是十

---

① 法藏（643—712）：唐代高僧，俗姓康，中国佛教华严宗的代表，由武则天赐号"贤首大师"。一一毛：每一根毛。师子：狮子，这里指唐朝宫殿里摆的一尊金狮子，法藏利用这金狮子作了种种譬喻，向武则天解释了华严宗的几乎所有理论要旨，就是著名的《华严金师子章》。

② 支节：四肢、关节。意指身上任一部位。

③ 天帝网珠：即下文的"因陀罗网"。因陀罗是印度神话中的天神，佛教称为"帝释天"。他的殿上装饰着宝珠网，网中的宝珠互相映照。

④ 因陀罗网境界门：华严宗理论内容"十玄门"之一。按华严宗对"因陀罗网"的分析，其每一珠都映现出所有一切珠的影子，而此所有一切珠影的每一影中又复现着一切众影，由无数复现着一切众影的一一珠，其构成的一切之一切影，复摄入每一珠之中，而其他一切珠亦皆如此，便成"重重无尽"。这是华严宗的世界观。

个一相加成为十，而不是八个一相加成为十，则一里面肯定也包含了十。用现代的话来说，这个一是十进位制的一。一与十的关系如此，一与一切的关系也是如此，一切包含着一，而一也包含了一切。从宗教意义来说，这说明皈依于佛法的第一步，就已经到达了佛境（实际上是已经含有"到达"之理）；从哲学意义来说，这其实就是我们常说的普遍与特殊的关系。

然而，仅仅指出普遍与特殊的互相包含，还不足以说明纷繁复杂的世界如何生成，因此华严宗要用这种简单的关系来演绎出"重重无尽"的境界。还是就金狮子的譬喻来说：狮子身上包含着无数的毛，而每一根狮子毛都包含了整个狮子，这是普遍与特殊关系的简单譬喻；进一步，由于每一根毛里面包含了的狮子又包含着无数的毛，这无数毛的每一根也包含了整个狮子，所以每一根毛包含了无数狮子；而包含了无数狮子的每一根毛又被狮子所包含着，这狮子所包含着的每一根包含了无数狮子的无数毛，又被包含在一毛之中……如此反复包含，其内容成数量级地增长，便形成"重重无尽"的世界图像。用华严宗的话说，这就叫"无尽缘起"，世界就是以这样的方式生成的。

相比于这"因陀罗网境界"，后来道学家说的"一物一太极"，以及现代哲学所阐明的普遍与特殊之关系，只不过一个陀螺转了第一圈而已，而贤首大师发动智慧，让它转了无数圈。不过，是不是转了无数圈后还在原来的地方，那便见仁见智了。

杜甫：孔丘盗跖俱尘埃①

相如逸才亲涤器②，子云识字终投阁③。先生早赋《归去来》④，石田茅屋荒苍苔。儒术于我何有哉⑤，孔丘盗跖俱尘埃。不须闻此意惨怆，生前相遇且衔杯⑥。

——《醉时歌》

好人承受痛苦，而坏人活得舒畅，本是古今中外都存在的现实，但有能力写作的人，难免要对此发点牢骚。不过，发牢骚时引古证今，说到司马相如、扬雄那样的大人物，也就足够了，又何必牵连

---

① 杜甫（712—770）：字子美，唐代大诗人。盗跖：春秋时期的一个恶人，后来用以为恶人的代表。俱尘埃：都像灰尘那样飘走了，意谓好人、坏人都要死，就其生命的必然消逝来说，没有什么不同。

② 相如：西汉文学家司马相如。亲涤器：司马相如曾在四川开酒店自己洗涤酒器。此意谓潦倒。

③ 子云：西汉末的儒者扬雄，学问广博，能识奇字。王莽篡夺西汉政权后，派人来找他，他从阁楼上跳下来，几乎摔死。

④ 先生：指杜甫的朋友郑虔，兼长绘画、书法、诗歌，号称"三绝"。但他的仕途不顺，穷困潦倒。《归去来》：陶渊明有《归去来兮辞》，意谓辞官回家去隐居。

⑤ 于我何有：跟我有什么关系。

⑥ 衔杯：喝酒。

到圣人，而且直呼其名"孔丘"，把他跟盗跖一般看待？换句话说，何必走到如此极端的程度？

牢骚走到极端，就不是简单的牢骚，而反映出思想的深度。一般来说，价值的承担者之所以能够忍受痛苦，是希望时间可以证明他的价值。即便自己来不及看到否极泰来的一天，也希望后世以此为鉴，不再发生是非颠倒的情形。然而，实际上后世依然存在颠倒的情形，这就说明他的痛苦忍受并未对后世产生预料的作用。那么，为什么要忍受呢？

通常的回答是：好人虽然在生前忍受痛苦，但可以在身后享有千古令名，似乎也足以补偿了。唐人最看重名气，如果觉得名气可以补偿生活的艰辛，倒也不妨平息胸中的牢骚。但是仔细想来，这"名气"也早就已经异化。"名气"的本来作用，无非是让别人容易认同你的价值，不是为自己赢得生前的利益，就是为后世提供借鉴。如果生前既未赢得利益，后世又不会借鉴，那么就算"名气"再大，究竟有什么意义？

这样说来，价值的承担者忍受一生的潦倒困苦，竟是白白忍受的。看来杜甫确是要声明此义：并不存在任何补偿！对后世的借鉴作用既不能实现，换来的千古"名气"也毫无意义，好人、坏人同样是历史中飘走的尘埃而已。扫除了一切补偿品后，价值承担者的生存意义便只在承担价值的本身。经过了杜甫的扫除，人生哲学开始从唐人的态度转向宋人的方式。

韩愈：有得有丧，勃然不释①

旭之书②，变动犹鬼神，不可端倪③，以此终其身而名后世④。今闲之于草书⑤，有旭之心哉？不得其心而逐其迹，未见其能旭也⑥。为旭有道⑦：利害必明，无遗锱铢⑧，情炎于中⑨，利欲斗进⑩，有得有丧，勃然不释，然后一决于书⑪，而后旭可几也⑫。今闲师浮屠

---

① 韩愈（768—824）：字退之，谥文，世称韩文公，或依韩氏的郡望，称韩昌黎。他是中唐时期著名的诗人和古文家，也倡导了摒斥佛道、重振儒学的思想运动。其著作编为《昌黎先生集》。丧：失去。勃然：兴奋的样子。释：放弃。

② 旭：张旭，盛唐时期著名的书法艺术家，擅长狂草，有"草圣"之称。

③ 端倪：捉摸，推测。

④ 终其身：过完他的一生。名后世：享盛名于后世。

⑤ 闲：高闲，韩愈的一位僧人朋友，爱好草书艺术。

⑥ 能旭：能够做到张旭那样。

⑦ 为旭：做到张旭那样。有道：有一定的方法。

⑧ 无遗句：再微小的利害也不放过。

⑨ 情炎句：热情燃烧于胸中。

⑩ 利欲句：外部的利益与内部的欲望相互促进增长。

⑪ 一决于书：在书法艺术中完全宣泄出来。

⑫ 可几：可以企及。

氏①，一死生②，解外胶③，是其为心，必泊然无所起，其于世，必淡然无所嗜，泊与淡相遭，颓堕委靡④，溃败不可收拾，则其于书得无象之然乎⑤？

——韩愈《送高闲上人序》

韩愈的标志性学说，是所谓"道统论"，说中华民族的儒家之道，由尧传给了舜，舜传给了禹，禹传给了商汤，商汤传给了周文王、武王和周公，又传到孔子，孔子传给了孟子，孟子以后却没有人继承。言下之意，是由他韩愈来继承。所以，韩愈被宋代的道学家看作先驱人物。按一般的理解，这样一个德高望重的人，应该是胸怀洒落，不计较得失的。但韩愈却认为，不计较得失的人算不得儒家。儒家从不泯灭利害、是非，既然有利害、是非，就必须争个明白，而对结果也不能不介意，无论得失，都绝不放过。激情始终燃烧于胸中，争取利益的欲望如果不能实现，就在艺术创造中完全地宣泄出来，那才是生气淋漓的优秀艺术。在他看来，像佛家、道家那样"看得破""想得通"的人，是根本不能进行艺术创造的。

自《中庸》以来，儒家早有"不怨天，不尤人"的内心修养之说，可能被韩愈所忽略。但在儒学衰落之余，若没有一个如此刚强、激烈的韩愈，也难以重振儒道。而从艺术创造的角度来说，韩愈也确实具有一种跟传统习尚不太协调的独特气质。有学者指出，中国

---

① 师浮屠氏：学习佛教。
② 一死生：把死和生看得一样。
③ 解外胶：解除了对外在事物的执着。
④ 颓堕委靡：没有精神，没有振奋感。
⑤ 得无象之然乎：难道不也就像这样（没有精神）吗？

的诗人几乎都有一个女性的习惯：爱哭。在他们的诗中，不但一个人可以暗自流泪，一群人也会相对而泣。很难找到一位不流泪的中国诗人，而韩愈就是难得的一位，他没有在诗里哭过。

柳宗元：封建非圣人意①

> 彼封建者，更古圣王尧、舜、禹、汤、文、武②，而莫能去之。盖非不欲去之也，势不可也。势之来，其生人之初乎③？不初④，无以有封建。封建非圣人意也。
>
> ——《封建论》

把欧洲中世纪的 feudal 制度翻译为"封建"，本来是堪称妥当的，因为欧洲的贵族领主与中国古代的诸侯大致相似。问题在于，欧洲的封建时代直接被资本主义所取代，而在中国，自从秦始皇废除封建制而确立中央控制下的各级地方政权后，君主专制的时代还绵延了两千年之久。如此悬殊的差别，本来拒绝简单的比拟，却由

---

① 柳宗元（773—819）：字子厚，中唐思想家、古文家。他是韩愈的朋友，但两人的思想有许多不同。封建：分封诸侯，建立诸侯国以拱卫中央政权。

② 更：经历。

③ 生人之初：原始时代。柳宗元的意思是说：在起初，原始人群各自形成大大小小独立的族群，各自产生了领袖，这就是后世诸侯的来源；如果有一个族群的力量足以征服周围的族群，使大家都听命于他，那就出现了君主，这君主虽凌驾于各族群的领袖之上，但在一定的历史时期内，仍必须通过各族群的领袖来实行统治，所以不能废除封建诸侯的制度。

④ 不初：如果不是因为承续了原始时代遗留的局面。

于近代以来西方话语的绝对优势,使国人非常勉强地将西方资本主义文明进入之前的中国社会统称为"封建社会"。时长日久,"封建"一词的含义为了适合中国历史的实际,而逐渐变成主要指君主专制社会了,而实际上这正是在中国取代封建制而起的制度。反过来,看柳宗元讨论的真正的"封建",倒有一层隔膜,需要专门注释才能为一般读者所了解。

当然,在秦始皇废除封建制后,封建的阴影在两千年专制时代里仍然存在,以至于历代思想家所说所写的"封建论",成为中国学术史的一大传统命题。就政治实践上说,西汉初、西晋初都曾明确恢复过封建制度,而从中唐延续至五代的藩镇割据局面,与诸侯也名异实同;就理论主张上说,至少在唐代中期、南宋初期、明清之交,都有人提出恢复封建制的建议。这种建议大致基于两种理由:一是从现实上考虑,专制政权下的中央必然要努力削弱地方的权力,以便于统治,由此造成地方实力的空虚,在危难时刻不能有效地平息叛乱、抵御外侮,而且地方官也可以采取逃跑的方式来躲避危难,只有诸侯才会把领地看成自己的命根子,组织境内的人民为封国的存在而奋斗,从而给中央提供了有力的障蔽作用;二是从理论上考虑,由于儒家经典产生于封建时代,圣人的许多教导便离不开封建制的背景,如果恢复封建制,则实践起圣人的教导来就更让人觉得名正言顺了。柳宗元的说法,主要是从理论上否定封建制出于圣人的本意,他认为上古的封建诸侯只是时势不得不然,是由人类自原始时代以来的客观历史所造成,并不是圣人对社会制度的设计。这个说法基本上为后代学者所接受。

义玄：逢佛杀佛，逢祖杀祖①

你欲得如法见解②，但莫受人惑③，向里向外逢着便杀。逢佛杀佛，逢祖杀祖，逢罗汉杀罗汉，逢父母杀父母，逢亲眷杀亲眷，始得解脱。

——《古尊宿语录》卷四

一种理论体系的成立，使按照理论本身的逻辑来进行推演的智力活动成为可能，擅长这种活动的人，还能依据逻辑性来破斥已经流行的权威说法，这在佛学上叫做"依义不依人"。但禅宗不以这样的智力活动为然，若遇到一个人顺着理论的逻辑推演而说出一大通，禅师会随手操起一件家伙打他一下，意思是：推演了这么多，关乎你切身的痛痒吗？在禅师看来，理解佛学不是"成佛"，因为"成佛"不是用概念、命题来进行智力活动，而是真正的身心拥有。最好的比喻是生病，"成佛"就好像生病，这病是切身拥有的，与智力上掌握病理知识是两码事。所以，能写作佛学论著的人未必与"成

---

① 义玄（？—867）：俗姓邢，晚唐禅僧。按禅家的谱系，六祖慧能传南岳怀让，怀让传马祖道一，道一传百丈怀海，怀海传黄檗希运，希运传临济义玄。义玄创立的临济宗，后来成为禅宗的最大宗派。杀：破除执着的意思。祖：禅宗的历代祖师。
② 如法：符合佛法，合乎真理。
③ 受人惑：被人迷惑。

佛"境界更为接近，论著不说明什么。那么怎样才知道一个和尚达到了"成佛"境界呢？这里又有一个比喻，叫做"贼认得贼"。一个贼在大庭广众之中，绝大多数人认不出他，但本身也是贼的人，一眼就能认出贼来。因此，检验一个禅师得道与否的唯一办法，就是由已经得道的禅师来印可。如此一来，禅宗就离不开一代一代衣钵相承的"祖师"，他从上一代得到印可，同时获取印可下一代的资格，这叫"灯灯相续"。由于理论、著述不被看重，"依义不依人"便无法成立，实际上又全部"依人"了。祖师在事实上远比佛菩萨来得重要，这却又陷入一个圈套。

临济义玄要为大家拆破这个新的圈套，佛也好，祖师也好，罗汉、父母、亲眷等，一切都是摆设，都是假的，不可执着。人人皆有佛性，每个人心里都有一尊真佛，一尊活佛。凭着本身拥有的活佛，就用不着害怕什么祖师。他要喝你，你也喝他；他要打你，你反过来打他。逢着便杀，一往无前，这才是真正的觉悟者，真正对自己的觉悟具备充足信心的。

那么，从正面来说，禅宗乃至于佛教，究竟要教人什么呢？照义玄的说法，原来并没有什么。佛教的宗旨就是空，还能有什么呢？所谓学佛，就是像平常人那样生活，吃饭、穿衣、拉撒、睡觉，本没有多余的事。只因为有佛，有祖师，其经典和语录被人传习，误以为这便是学佛，所以义玄被迫来破斥一下。这样，禅宗的存在，其目的竟是为了破斥佛教，或者甚至是为了破斥禅宗本身。实际上，不断地破斥自身，正是禅宗得以不断延续的最高机密。等到迷恋于已经拥有的基础而不肯再果断破斥的那一天，禅宗也便失去了生命力。

罗隐：非狡与忍，则无以成大名①

张良若女子②，而陈平美好③，是皆妇人之仁也④：外柔而内狡，气阴而志忍⑤。非狡与忍，则无以成大名。无他⑥，柔弱之理然也⑦。呜呼！用其似妇人女子者犹若是，况真用妇人之言哉？不得不畏。

——《谗书》

罗隐写这样一段"诬蔑"女性的话，可能有所影射。即便没有具体的影射，也不见得全然属于"诬蔑"，因为对阴阳、刚柔、强弱、内外的相对性的分析，原本不无道理。更何况，罗隐写这段话时，心中似乎充满了恐惧。

---

① 罗隐（833—909）：字昭谏，唐末诗人、杂文家。狡：狡猾。忍：忍心、狠心。
② 张良：汉初谋臣，《史记》谓其面相似女子。
③ 陈平：汉代开国功臣，擅长奇计。美好：指长相漂亮。
④ 妇人之仁：这里指女性的特点。
⑤ 气阴：外在的表现是阴柔的。志忍：内在的意志是坚韧的，做事狠得下心。
⑥ 无他：没有其他的原因。
⑦ 柔弱之理：意谓女性外在力量上相对柔弱，所以只能靠内在的狡猾与忍心来取胜，这样使狡猾与忍心成为她们的特长。

司马迁为张良写完《留侯世家》后，发了一通感慨。说他原本以为这样了不起的张良，一定是个高大威猛的人物；及至看到张良的画像，却宛然是个"妇人好女"的长相。司马迁由此得出一个简单的结论：长相不说明什么问题，"以貌取人"要不得。但是，后人对司马迁的这个结论几乎都没有兴趣，而对于张良长得像美女的事实，却充满兴趣。比如宋代的苏轼就写过《留侯论》，认为张良之所以成功，就因为他能"忍"，与其长相是内外相称的。这个说法恰与罗隐相似，只不过罗隐表达得更为简洁、尖锐而已。

张良、陈平只是长得像女子而已，毕竟还是男人。但只是像女子，就已经如此优异，如果让真正的女子拥有机会和权力，是不是更加可怕呢？从历史上看，女子一般不容或不想进入权力斗争的漩涡，但一旦进入，则其心计的周密与手段的毒辣，确实令男人也望而生畏，像罗隐那样感到恐惧。罗隐分析其中的原因，指出了"狡"和"忍"两点，男人在这两点上天然不是女子的对手，而它们却正是图谋成功不可缺少的素质。

不过，可怕的其实并不是女子，而是罗隐那种看待历史和性别的视角。张良、陈平有很多优点，为什么说他们的成功只得力于"狡与忍"？女性有很多可爱的地方，为什么只说她们在"狡与忍"方面具有特长？也许很多人把这样冷气逼人的视角赞誉为"清醒"，但如此"清醒"的眼光实在只属于末世的人物。比如苏轼分析张良的"忍"，与罗隐的结论本来相似，却并不让人感到恐惧，因为他首先强调有志之士胸怀天下的抱负，所以能"忍"他人之所不能忍，以成就大业。苏轼与罗隐笔下的张良形象，哪个更真实些呢？

文偃：一棒打杀世尊[1]

世尊初生下，一手指天，一手指地，周行七步，目顾四方，云："天上地下，唯我独尊[2]。"师云[3]："我当时若见，一棒打杀，与狗子吃却。贵图天下太平[4]。"

——《云门匡真禅师广录》卷中

对于经典所载佛、菩萨的言行，或史籍记录的前代禅师之言行，进行参悟考究，发表自己的见解，这叫"参公案"。文偃参悟了佛初生时的这件著名公案，发表了要一棒打杀世尊于婴儿时期的著名言论。他的这番言论，后来也成为新的"公案"，让禅僧们继续参悟。

"公案"的出现，表明禅宗已开始重视自己的历史，珍惜前辈的

---

[1] 文偃（864—949）：五代十国时期活动在广东一带的禅僧，俗姓张。按禅门的谱系，六祖慧能传石头希迁，希迁传天皇道悟，道悟传龙潭崇信，崇信传德山宣鉴，宣鉴传雪峰义存，义存传云门文偃，文偃开创的云门宗在五代、北宋持续了较长时间的繁荣局面。打杀：打死。世尊：佛。

[2] 世尊八句：这是《长阿含经》《太子瑞应本起经》等佛经描述的佛出生时之神奇故事，流传甚广，在敦煌壁画等佛教艺术作品中也多有表现。

[3] 师：即云门文偃。因为是弟子记录他的话，所以这样称呼。

[4] 贵图：贵在图得个（天下太平）。

121

思想成果。这对于以不断斥破、否弃自身来获得自身延续之生命力的禅宗来说，其实是很危险的。好在文偃用来参悟公案的精神，仍是坚决的斥破、彻底的扫除。对于佛教和佛教史来说，打杀初生的世尊，岂止是颠覆而已？所谓"贵图天下太平"，意味着佛教本身就是引起天下不太平的祸因之一，当初不曾产生才好。

要说斥破，这是破到底线了；说扫除，这是扫得干干净净了。但不免令人疑惑：假如真的没了佛教，身为和尚的云门大师将何处容身？既然你不要佛教，那何不还俗去？此类问题看似幼稚，实际上也是击中要害的。虽说吃饭、穿衣、拉撒、睡觉，跟平常人一般，但禅僧们毕竟还是在做和尚。分明需要一块立足之地，却说这立足之地应该抛弃，难道你可以飘在空中吗？如果作为和尚的生存本身就是荒谬的，那怎么还能让世人相信你和尚的说法？

云门大师确实把自己逼到了绝境，也把禅宗逼到了绝境。所以，云门宗的宗风，经常被形容为"孤危耸峻"，难以交流。据说，为了绝处求生，需要掌握一把能够刺开铁壁的"云门剑"，它锋利无比，故又称"吹毛剑"。有人问什么是云门剑，文偃回答一个字"祖"；问什么是吹毛剑，他回答一个字"骼"，问到底该怎样去认识才对路，他又回答一个字"普"；问你云门解悟的途径究竟如何，他还是回答一个字"亲"。这些毫无意义的答案，表明云门大师存在的最终根据就是毫无意义本身。但他的后辈大多没有这样绝处求生的本领，渐渐地与宣扬念佛往生的净土宗结合起来，非常懒惰地找了一块立足之地。

赵普：半部《论语》治天下①

赵普再相②，人言普山东人③，所读者止《论语》④……太宗尝以此语问普⑤，普略不隐⑥，对曰："臣平生所知，诚不出此⑦。昔以其半辅太祖定天下⑧，今欲以其半辅陛下致太平。"

——罗大经《鹤林玉露》乙编卷

"山东"本是儒学的故乡，但据晚唐杜牧的描述，在他的时代里，"山东"人已经不知道周公、孔子是什么人了。到了宋初，科举考场上闹出这样的笑话：因为考题中提到了尧舜，而有的考生不知道尧舜是哪个时代的人，竟至于没有办法答题，纷纷去问考官。这

---

① 赵普（922—992）：字则平，宋初功臣。
② 再相：再次做宰相。赵普在宋太祖时当过宰相，到宋太宗时又两度入朝为相。
③ 山东：赵普是河北人，这里的"山东"指太行山以东，包括河北。自唐以来，"山东"的含义经常如此。
④ 止：只有。
⑤ 太宗：北宋第二代皇帝赵光义。
⑥ 略不隐：一点也不隐瞒。
⑦ 诚不句：确实没有超出这本书的范围。
⑧ 太祖：北宋开国君主赵匡胤。赵普曾参与策划"陈桥兵变"，使太祖登上皇位。

当然是极端的例子，但由此可以想见晚唐五代战乱不息的局面之下，文化被摧残到何种程度！相比之下，能阅读《论语》的赵普，也不愧于他的宰相身份了。不过，《论语》本来是小孩子初学的必读书，一个"山东"人的阅读能力始终停留在《论语》上，却要当宰相，还是引起了他人的议论。这议论本来是说他文化水平低下，但狡猾的赵普却虚晃一枪，抓住《论语》的经典价值，来作巧妙的回答，以至于产生了"半部《论语》治天下"的著名掌故。

赵普本是小吏出身，文化水平确实不高。及至当了宰相，太祖要求他读一点书，他就装模作样地每天闭门苦读，还不让人知道他在读什么。到他死后，家人打开他的书箱，找到的只有一本《论语》而已。看来，他能读《论语》已经不容易，但跟他当宰相其实没有多少关系，所谓半部定天下、半部致太平的说法，如果不是赵普吹牛，就是根本没有这回事，以上的记载只不过传闻而已。

然而，赵普"半部《论语》"的掌故，影响很大，而且也确实很有意思。相比于《诗经》《尚书》等其他的儒家经典，《论语》简单浅显，朗朗上口，便于初学。所以，儒家文化在历史上断而复续，毁而复兴，总是靠《论语》起头的。

范仲淹：云台争似钓台高①

　　汉包六合网英豪②，一个冥鸿惜羽毛③。世祖功臣三十六④，云台争似钓台高。

——《钓台诗》

　　钓台本是东汉严光隐居之地，但到过浙江桐庐，参观过严子陵钓台古迹的人都能感受到，这古迹并不仅仅属于严光，它至少还跟两个宋人有关：一个是范仲淹，不但写了《钓台诗》，还写了《严先生祠堂记》，刻石于此；另一个是文天祥，他在元朝大都就义后，朋友们在南宋行在杭州附近的钓台为他举行纪念典礼。我们甚至可

---

①　范仲淹（989—1052）：字希文，北宋大中祥符八年（1015）进士。著名政治家，谥文正。他倡导了士大夫"以天下为己任"，用自己掌握的儒学知识积极干政的风气，被认为是振起士风的一代伟人。云台：东汉宫中的高台，画有开国功臣的肖像，以为纪念。争似：哪里比得上。钓台：在浙江桐庐城西，东汉初年，严光（字子陵）隐居此处，垂钓于富春江。他本是东汉开国皇帝刘秀的少年同学，但对刘秀只叙友情，不去做官。

②　汉包六合：东汉统一天下。网：网罗。

③　冥鸿：高飞的鸿雁，不落世网，比喻遁世隐居之士。羽毛：鸟兽因羽毛而富文彩，比喻一个人的美好声誉。

④　世祖：东汉光武帝刘秀。功臣三十六：辅佐刘秀开创东汉王朝的邓禹等三十六人，被画像于云台。

以说，每一个游览者踏进这一处名胜地界，即便是单单为了探访严子陵而来，但到他离开时，萦绕在他心头的一定换成了范仲淹和文天祥。也许就因为这个缘故，如今的浙江省把严子陵钓台设为"爱国主义教育基地"。

文天祥跟钓台发生关系，也许不是他本人的意愿；但范仲淹却是主动地选择钓台作为他的表达场所。诗中推崇严光的隐居之志，肯定其人格之高超越了东汉的所有开国功臣；在《严先生祠堂记》里，他也由衷地赞美"先生之风，山高水长"。我们熟知范仲淹"先天下之忧而忧，后天下之乐而乐"的名言，一个如此关怀政治、"以天下为己任"的知识官僚，为什么会推崇一个遁世高蹈的隐士？

如果说，北宋开国宰相赵普还只有阅读《论语》的文化水平，那么到了范仲淹的时代，进士出身的知识精英已经成为官僚队伍的主体，他们要求以自己所掌握的儒学来改造政治，范仲淹对这种要求作了最响亮的表达，从而成为当代士大夫的领袖人物。他提倡士大夫投身政治，但也深知现实的政治是复杂的，所以，他对士大夫提出了人格要求：从政不是为了做官，而是为了实践儒学理想，为了使理想不被现实所污染，从政者的心中应该时刻准备去当严子陵。换句话说，士大夫面对朝廷，是做好"去"的准备而"来"的，这样才能站着从政，而不是趴着做官。能不能建功立业，画像于云台，那要看机遇和能力，但心中必须有一个比云台更高的钓台，这不但是"先忧后乐"精神的补充，而且更为重要。

欧阳修：治道备，人斯为善矣[1]

治道备，人斯为善矣，《书》曰"黎民于变时雍"是也[2]。治道失[3]，人斯为恶矣，《书》曰"殷顽民"[4]，又曰"旧染污俗"是也[5]。

——欧阳修《答李诩第二书》

老百姓固然经常埋怨官府的不公，但旧时的官员们埋怨百姓们不肯学好的话，其实也经常见于史册的记载。欧阳修认为，责任首先在权力者，也就是政府的一方。只有政府推出了良善的政治，倡导了健康的社会风气，百姓们才会学好；如果政府本身乌烟瘴气，

---

[1] 欧阳修（1007—1072）：字永叔，号醉翁、六一居士，庐陵（今江西吉安）人，宋仁宗天圣八年（1030）进士，曾参与范仲淹"庆历新政"，后来官至参知政事。他是北宋儒学复兴的领袖、百科全书式的学者和杰出的文学家。著作有《欧阳文忠公集》《新唐书》《新五代史》等。治道：政府治理人民的方法。备：完备。

[2] 《书》：《尚书》。黎民于变时雍：天下的百姓都响应政府的倡导，而变成和谐的社会。语见《尚书·尧典》。

[3] 失：失误。

[4] 殷顽民：殷商遗留的难以感化的民众。语见《尚书·毕命》，这是西周初年对商朝残余遗民的习惯称呼。

[5] 旧染污俗：原先被污浊的风俗带坏的人们。语见《尚书·胤征》。

那么百姓们为了生存，也只好跟着乌烟瘴气，变成了所谓的"顽民"，再要治理也难了。这样的说法，本也理所当然，因为那时候的官僚们辅助皇帝管理天下，牧养百姓，其地位和权势完全出于自上而下的任命，并非百姓的选举，所以结果的好坏，也只能归因于他们自己的施政得当与否，不能把责任追究到被动接受统治的百姓头上去的。正如一个人被石头绊了脚，总不能归罪于石头。

不过，如此清醒的话出于一位官员之口，还是体现了"以天下为己任"的士大夫知识官僚的思想特点，因为这样说的前提，不但是认识到自己在具有权势的同时必须担当责任，而且还与一种治理天下、领导百姓的主动性及自信心密切相关。与其说这是官僚的良心发现，还不如说是中国古代的官僚制度和官僚的意识形态在欧阳修的时代走向了成熟。还是拿石头绊脚的比喻来说，如果被绊的人是一个小孩，他还是会埋怨石头待得不是地方，大人们为了哄小孩，有时候甚至在石头上跺几脚，算是为孩子报了仇、出了气。为官僚者之埋怨百姓，正与这小孩相似。但到他成了大人，便不能一味如此任性，便足以搞清楚绊脚的责任在石头还是在自己。进士出身的宋代知识官僚，正具备了这种成年人的理智，虽然还不免把百姓当作石头。

作为当代士大夫或知识官僚的领袖，欧阳修的发言表达了这个阶层的信心：从他们所掌握的有关儒家学说的知识中，一定可以导出良善的政治，重温"黎民于变时雍"的旧梦。

李觏:《周礼》致太平①

将使人君何所取法②? 是用摭其大略而述之③。……凡五十一篇,为十卷,命之曰《〈周礼〉致太平论》。噫! 岂徒解经而已哉④? 唯圣人、君子知其有为言之也⑤。

——《〈周礼〉致太平论·序》

据说秦始皇烧掉了几乎所有的古书,但汉人又从民间找到了《周礼》。在儒家经典中,《诗》《书》是诗歌和历史文献的汇编,

---

① 李觏(1009—1059):字泰伯,北宋中期的思想家。他一生都未通过科举考试,不能顺利进入仕途,但因为学识、见解受到范仲淹等人的重视,所以名气很大,最后受太学的聘请,去当讲师,但他的志向其实在政治方面。《周礼》:儒家经典"三礼"之一,又叫《周官》,据说是周公关于政府各部门设置及其职能的一个规划草案,其中记载的官制极为详细而规整。信之者以为是西周政府结构的实录,不信者视为战国乃至西汉人所伪造。

② 人君:皇帝。何所取法:照什么来做。

③ 摭:摘取。其大略,指《周礼》的基本要旨。李觏分内治、国用、军卫、刑禁、官人、教道六个方面来阐述,即宫廷制度、经济制度、军事制度、法律制度、官僚制度和意识形态。

④ 徒:仅,只。解经:解释经典。

⑤ 有为言之:希望对实际政治产生积极影响,才说这些话。

《春秋》是编年史书，《易》是极为抽象的哲理，只有这《周礼》提供了最具体翔实的制度设计，如果要"复古"，搬用《周礼》是最简单的办法。从汉代以来，关于这本书的真伪，学者们本就争论不息。到了北宋中期，由于科举制度的完善提高了官僚队伍的"知识化"水平，于是紧跟在赵普的"半部《论语》"之后，冒出水面的就是《周礼》一书。一时之间，是否可能按照《周礼》来进行制度建设，成为最大的学术和政治问题。

欧阳修不相信《周礼》。他的理由很简单：《周礼》中的官僚，大大小小加起来不下于五万人，西周社会能养得下那么多脱产的官僚吗？除了欧阳修外，司马光、苏轼、苏辙等人也都不信。但相信《周礼》的也不少，石介、李觏、王安石都信。在政治实践上贯彻《周礼》最得力的是王安石，他的许多"新法"，按他自己所说，都是从《周礼》中引申出来的；而在他之前，主张根据《周礼》来改正当代的各种制度，论述得最详细的就是李觏的五十一篇《〈周礼〉致太平论》。所以，很多人觉得李觏是王安石"变法"的理论先驱。

历史上，声称按《周礼》来"变法"的，大约有三次：第一次是两汉之间的"新朝"皇帝王莽的托古改制，以失败告终；第二次是从西魏末年到北周，宇文氏政权照搬《周礼》来确立天、地、春、夏、秋、冬六官制，后来演变为隋唐尚书省的六部制，一直沿用到清代，可以说颇有成功之处，但这多少得益于西魏的鲜卑族政权在官制建设上原先较为空白，具备相对宽裕的空间来实施《周礼》的组织形态；第三次就是从王安石"新法"延续到蔡京的一系列政策，据说全从《周礼》引申出来，其成败是非至今仍有争论。

苏洵：观吾之《谱》者，孝悌之心可以油然而生矣[①]

吾之所以相视如途人者[②]，其初兄弟也。兄弟，其初一人之身也。悲夫！一人之身分而至于途人，此吾《谱》之所以作也。其意曰：分而至于途人者，势也[③]。势，吾无如之何也已[④]。幸其未至于途人也，使之无至于忽忘焉[⑤]，可也。呜呼！观吾之《谱》者，孝悌之心可以油然而生矣。

——《苏氏族谱》

唐代柳宗元曾断言"封建非圣人意"，只是原始群落自治局面的延续而已。其实，西周的封建制度并不如此简单，得到分封的主要是周王室的同姓子弟，这就并非没有一点"圣人意"在内。这个"意"，一言以蔽之，曰"家天下"，以家族的方式来组织政权。而

---

① 苏洵（1009—1066）：字明允，北宋古文家，一生没能通过科举考试，晚年经欧阳修的推荐而入仕。《谱》：指《苏氏族谱》。孝悌：孝敬父亲、友爱兄弟，这是儒家伦理最基本的原则。

② 途人：路上的陌生人。此指本来的亲人，传了几代就变成族人，再往下传，亲缘关系越来越远，就如同陌生人了。

③ 势：自然的趋势。

④ 无如之何：没有办法改变它。

⑤ 忽忘：忽视、忘怀（相互间的亲情）。

所谓"礼教",也以处理血缘关系的宗法制度为核心内容。产生在此种背景下的儒学,其最为基础的观念亦来自家庭伦理,如孝悌之类。儒家所谓的"五常",父子、兄弟、夫妇、君臣、朋友,有三常出于家庭伦理,另外二常也是比拟而得,即从父子关系比拟出君臣关系,从兄弟关系比拟出朋友关系的处理原则。所以,儒学原本是以宗法制、封建制为社会基础的。

不难想见,此种社会基础的逐渐消亡,是推行儒学的最大困难。如果说,六朝隋唐的贵族门阀之内还保存着宗法制的残余因素,那么,经过晚唐五代的长期混乱之后,宋人已几乎无法在现实生活中获得有关宗法和封建的切身体验。当北宋的知识精英们要以儒学的原则来树立人格、建设政治时,他们自然会发现当前的社会已经缺乏儒家道德伦理的实践环境,因此改造社会成为不可忽视的一环。这当然未必要完全恢复宗法制、封建制,但至少要让孝悌之类的观念在人们的实际生活状态中有所着落。于是,北宋中期的一部分知识精英兴起了一种"聚族"的运动,比如范仲淹幼年丧父,曾随改嫁的母亲寄居后父之家,但成年后马上认祖归宗,等当了官,有了经济能力,就招聚族人,设立"义庄",用范氏的公共财产,接济穷困的族人。他的做法引起很多人的仿效,而族谱的编修也便随之而来。欧阳修、苏洵都曾编订族谱,苏洵更明确指出编修族谱的目的,就是为了让人油然而生孝悌之心。

为实践儒家道德奠定生活基础的"聚族"运动,也奠定了中国乡村社会的基本形态。

邵雍：十二与三十迭为用[①]

论《皇极经世》[②]，乃一元统十二会，十二会统三十运，三十运统十二世[③]，一世统三十年，一年统十二月，一月统三十日，一日统十二辰[④]。是十二与三十迭为用也。

——《朱子语类》卷一百

用数学手段来解释乃至预测自然和人事的现象变化，叫做象数之学。其起源或根据被认为是《周易》，其实多有《周易》以外的发挥。邵雍的象数之学颇成体系，也声称以《周易》为据，但十二与三十这两个数字，很难说跟《周易》具有直接的关系。在时间概念上，一年有十二月，一月有三十日，这是最基本的十二与三十，

[①] 邵雍（1012—1077）：字尧夫，北宋中期思想家，长年隐居洛阳，擅长象数之学。十二句：交替使用十二与三十这两个数字。此语是朱熹对邵雍时间学说的概括。

[②] 论《皇极经世》：此是朱熹弟子记录其议论，所论的对象是邵雍所著的《皇极经世书》。

[③] 元、会、运、世：邵雍制定的时间概念，三十年为一世，十二世为一运，三十运为一会，十二会为一元。

[④] 辰：时辰。中国古代把一天分为十二时辰，以子、丑、寅、卯等十二地支来表示。

现在仍大致沿用。日以下，现在用二十四小时，每小时六十分，一分六十秒；但中国古代的计法，是一日十二个时辰，每个时辰三十分，一分十二秒，这是"十二与三十迭为用"的。至于年以上，现在有"世纪""千年"等说法，但邵雍则贯彻"十二与三十迭为用"的原则，创造了世（三十年）、运（十二世）、会（三十运）、元（十二会）四个概念。算起来，一元之中应该有十二会、三百六十运、四千三百二十世、十二万九千六百年。为什么需要这么大的时间单位呢？

"元"的字义是开始。邵雍的意思是：从天地开始到毁灭的时间，叫做一元，也就是十二万九千六百年。所以这是一个宇宙时间，是天地的寿命。当然这个天地毁灭后，或者另有一番新天地会生出来，像佛教说的"劫"那样，但这方面只能存而不论，反正我们现在眼前的这个天地是有寿命的，并非永恒。这也就是说，天地并不超越于盛衰消长的规律之外。更重要的是，天地也成为认识和预测的对象，如果用《周易》的卦象来比配，天地从只有底下一根阳爻（上面五根阴爻）的"复"卦开始，走上坡路，到全部阳爻的"乾"卦为极盛，以只有底下一根阴爻（上面五根阳爻）的"姤"卦为转折，走了下坡路，到全部阴爻的"坤"卦为终结。这样，如果能够确认当前的时代在一"元"中的前后位置，就可以知道"天意"要使我们经历怎样的时代。邵雍曾非常自信地说，掌握了这一套，人就可以知道天地的心思，就可以代天说话。不过，邵雍其实是最深刻的一个悲观者，他认为天地极盛的"乾"卦时代（即十二会中的第六会），是在唐尧的统治下结束的，自夏代至今，都已属"姤"卦时代（即第七会），以后将每况愈下。

周敦颐：志伊尹之所志，学颜子之所学①

伊尹、颜渊，大贤也。伊尹耻其君不为尧舜，一夫不得其所，若挞于市②；颜渊不迁怒，不贰过，三月不违仁③。志伊尹之所志，学颜子之所学，过则圣④，及则贤⑤，不及则亦不失于令名⑥。

——《通书·志学》

---

① 周敦颐（1017—1073）：字茂叔，号濂溪，著有《太极图说》《通书》。他在北宋的思想界并不很起眼，但因为程颢、程颐受过他的启发，所以后世把他认作"道学"的创始人。伊尹：商汤的大臣。颜子：孔子的学生，名回，字渊。

② 伊尹几句：出自《尚书·说命》引伊尹语："予弗克俾厥后惟尧舜，其心愧耻，若挞于市，一夫不获，则曰时予之辜。"意思是，做大臣的人如果不能使君主像尧舜那样，就应该感到羞愧，犹如当众被打，天下有任何一个人不满意，都应该引为自己的过错。

③ 颜渊三句：出自《论语》。意思是，颜子能够控制自己的感情，发怒了也不会拿别人出气，能够吸取教训，不会第二次犯同样的错误，能够一心向仁，做到连续三个月不违反仁。这些都是孔子称赞颜渊"好学"的话。

④ 过则圣：超过伊尹、颜渊，就成为圣人了。

⑤ 及：达到。

⑥ 令名：美好的名声。

伊尹是个成就了功业的大臣，颜渊是个求学于孔门的弟子。以伊尹的志向为自己的志向，就是要辅佐君主治理好天下；以颜渊为自己的榜样，那就是要具备仁义之心。这两者合起来，便成所谓的"内圣外王"，是比较全面的。但从周敦颐的生平和思想的总体而言，"内圣"的方面是更受重视的，所以讲伊尹也是强调其"志"，而不是其成功的手段。

据宋代胡宏为《通书》所作的序，周敦颐说伊尹和颜子，是具有针对性的。针对当时的士大夫都一心走科举之路，想考上进士，做官发家，故说"志伊尹之所志"，要他们端正态度；针对士大夫喜欢读书学习，以知识多、见闻广为能事，故说"学颜子之所学"，告诉他们真正重要的不是学问，而是内在的对于宇宙、人性的终极关怀和根本领悟。

大致说来，科举制度确实改变了中国的历史，保证了官僚队伍的文化素质，也大致给具备一定文化素质的人提供了机会，但北宋的思想者中，确实有好几位与科举无缘。李觏和苏洵考了许多次，都遭到失败，邵雍并未参加过考试，周敦颐则根本看不起科举，而且据程颐的说法，在跟周敦颐交往的时候，周敦颐心中一定会感到科举是鄙俗的东西。当然，离开周敦颐后，程颐还是去参加了考试，大概由于主考官欧阳修不喜欢他的文章，没有考上，后来程颐也就鄙薄科举，还鼓励他的弟子们鄙视科举。至于知识见闻跟终极关怀，一般认为两者是相通的，但周敦颐和程颢、程颐一系却强调这两者根本不同，不但不同，还会互相妨碍，所以应该只选择终极关怀，集中精神，才能真正通向"内圣"。南宋的叶适批判说：这不是儒学，而是隐士山人自娱自乐的思维游戏。但周、程集中精神于终极关怀，也是大有成果的，就是创建了中国形而上学的巅峰形态——"道学"。

文同：画竹必先得成竹于胸中①

竹之始生，一寸之萌耳②，而节叶具焉③。自蜩腹蛇蚹④，以至于剑拔十寻者⑤，生而有之也⑥。今画者乃节节而为之，叶叶而累之，岂复有竹乎⑦？故画竹必先得成竹于胸中，执笔熟视⑧，乃见其所欲画者，急起从

---

① 文同（1018—1079）：字与可，皇祐元年（1049）进士。北宋著名画家，善画墨竹。他是苏轼的从表兄和朋友，苏轼曾向他学画。成竹：作为一个完整的生命形态的竹。
② 萌：植物生长的开始。
③ 节叶：竹节、竹叶，指竹的具体形态。
④ 蜩腹蛇蚹：形容竹笋开始脱壳拔节。蜩，即蝉，其腹部有一条条的横纹。蛇蚹，是蛇腹下代足爬行的横鳞。
⑤ 剑拔：指竹子生长迅速，挺拔有力。寻：古代长度单位，一寻等于八尺。
⑥ 生而有之：谓竹子的节、叶等形态是从初生时就具备的，以后的生长是量的问题，质的方面一生出就决定了。
⑦ 岂复有竹：难道还有竹吗？意谓一叶一叶、一节一节的累加并不就是竹，必须领会其自初生以来就具备的整体特性，即所谓"成竹"。
⑧ 熟视：长久注视。

之，振笔直遂①，以追其所见，如兔起鹘落②，少纵则逝矣。与可之教予如此，予不能然也③，而心识其所以然④。夫既心识其所以然，而不能然者，内外不一，心手不相应，不学之过也⑤。

——苏轼《文与可画筼筜谷偃竹记》

"成竹在胸"，是中国古代文艺批评中最具美学价值的观点之一。虽然在文字上是由苏轼阐述出来的，但苏轼本人已经诚实交待，这是文同教他的。所以，这个杰出命题的真正主人是画家文同，是文同的富有成效的艺术实践决定了这个命题的诞生。

文同积累了创作的体会，很自然地得出"成竹在胸"的观点。苏轼则是先理解了这个观点，再去学习，所以他说，我心里知道是怎么回事，但手上却做不到。确实，枝枝叶叶的累加并不等于完整的具有生命的"成竹"，艺术家对竹的表现也不应以枝节描绘为重点，而应首先领会其整体的神韵。但光是领会了还不够，还要熟练掌握技法，在实践中不断提高，最后达到心手相应。经过苏轼的补充，这个理论涉及了艺术的表现对象、表现主体及表现技法、艺术实践诸方面，呈现得较为完整。不过，关键之处仍在于文同对"成竹"进行整体把握的思想。

---

① 直遂：一下就画成，意谓挥笔落纸，一气呵成。
② 兔起鹘落：像兔子惊跑、鹰隼疾落一样迅速。鹘：鸷鸟，一种凶禽。
③ 不能然：实际上做不到。
④ 心识其所以然：心里能够理解这个道理。
⑤ 内外三句：心里虽有认识于内，手上却不能表达于外，这是学习不足、练习不熟的表现。

据苏轼的描绘，文同是一个很迷恋竹子的人，虽然当了不小的官，但对官场的事基本上不感兴趣，整天待在竹林里，观察竹子的生长，肚子饿了就煮笋当饭吃。所以，他对竹子的了解，达到了"庖丁解牛"那样的程度。不仅如此，在观察竹子的时候，眼里、心里只有竹子，渐渐地就感到自己也是竹子，主体跟对象完全合一，不分彼此了。主体跟对象一样拥有了生长的全过程，绘画不过是将这个过程复现在纸上而已。同样的道理其实不仅体现在画竹上，也不仅体现在艺术创作上，而是普遍地适用于人类对于世界的所有把握和表达活动。因此，苏轼说文同是一个"有道"的人，他的心灵是跟自然的过程合一的，也就是跟造物者可以自由地交流。达到了这样的境界，他的创作就跟一般的"画工"不同，用苏轼的话来说，这叫做"士人画"，也就是现在常说的"文人画"或"国画"。

司马光：平生所为，未尝有不可对人言者[①]

> 自少至老，语未尝妄。自言："吾无过人者，但平生所为，未尝有不可对人言者耳。"诚心自然，天下敬信。
>
> ——《宋史·司马光传》

司马光的弟子刘安世说，翻遍儒家的五经，里面找不到一个"真"字，跟"真"字意思相近的只有"诚"字。相比之下，"真"有客观方面的含义，"诚"却主要就人的态度而言。大概中国早期的圣人，并不教人去追求什么真理，只教人要诚实。真理是抽象的，一时追求不到；诚实却是具体的，可以在实际生活中时刻践履。只要人人都诚实，那么总体上已经融合着真理，不需要特别去追求了。这便是儒家的实践精神。我们在《论语》里可以看到孔门的诚实气氛，弟子们并非不了解先生的学说，但他们一会儿想缩短丧期，一会儿埋怨先生太迂，一会儿说自己实在力不从心。他们明知这样的话说出来必然招先生的骂，但都直言不讳，诚实说出自己的想法。

[①] 司马光（1019—1086）：字君实，北宋宝元二年（1039）进士，著有《资治通鉴》《传家集》等。王安石、宋神宗主持实施"新法"时，他因为不赞同，拒绝"新法"政府的差遣，长期闲居洛阳，成为在野士大夫的领袖。宋哲宗时任宰相，全面废除"新法"。后来王安石的弟子们重新执政，把他的墓碑也推倒了。

所以，司马光认为，儒者的修养就是以"诚"为准则，从不说谎话做起。他自顾平生，没有一件事是偷偷摸摸、不能对人直说的。这便是做到了"诚"。

不说谎话，看似简单，其实不容易坚持做到。刘安世想学司马光不说谎，起初以为不难，几十年后，承认不行。有时候说一句真话实在太难、太危险，或者要放弃很多利益，这且不论，有时候仅仅因为怕麻烦，或不愿意伤害人，也抵制不了"善意之谎言"的诱惑。一心诚实的司马光，除了引起政敌的仇恨外，他的同党也难免对他有些不满。苏辙曾经说，司马光虽是个诚实的君子，也实在太缺少智谋了。这不难理解，一个不会说谎的人是受人尊敬，甚至讨人喜欢的，但他周围的人会因此而失去不少机会，多费不少周折，或者竟至于伤痕累累。

司马光真的缺少智谋吗？只要看他写的《资治通鉴》，就知道不然。在这本大书中，历史上的各种权力斗争、利害关系，各种阴谋阳谋、真真假假，都被剖析得非常明白，而且眼光锐利得像一面照妖镜，批评起来也入木三分。这样一本书的作者，绝对不是不通世故的呆人，其智谋，或者说识破智谋的能力，并不是一般人可以企及的。然而，就是这么个人，一生不肯说一句谎话。这当然不是因为缺少能力，而是由于信念的坚定。所以，司马光虽是政治家、学者、诗人、思想家，但他身上还有一种宗教家的气质，是更为重要的。据苏轼说，当司马光闲居在洛阳的时候，他的身份其实离宰相很远，但普通百姓都觉得他是宰相。因为没有比司马光更像宰相的人了，他几乎是天生的领袖人物。

一个不说谎的人，会令他周围的人伤痕累累，但周围的人都不会离开他。

曾巩：师之道，有问而告之者尔①

《礼》无往教而有待问②，则师之道，有问而告之者尔。世之挟书而讲者③，终日言，而非有问之者也，乃不自知其强聒④，而欲以师自任⑤，何其妄也！

——《讲官议》

韩愈有一篇著名的《师说》，给"师"下了一个定义："师者，所以传道、授业、解惑也。"就是说，"师"是用来给人传授道理、学业，解答疑问的。韩愈的定义现在被广泛接受，也符合现代所谓"教育工作者"的身份，但并不是儒家"师道"的"师"。当时柳宗元就不肯当韩愈说的那种"师"，有人要他教徒弟，他拒绝，人家以

---

① 曾巩（1019—1083）：字子固，嘉祐二年（1057）进士。北宋古文家，"唐宋八大家"之一。他是欧阳修的学生，苏轼的同年，也是王安石的至交。王安石变法的时候，他对某些做法有所不满，但并未明确反对，而且他的弟弟曾布是王安石的得力助手。

② 《礼》无往句：按照《礼记》，老师可以等待学生来问，而没有主动前往教导的。《礼记·曲礼上》："礼闻来学，不闻往教。"《礼记·儒行》："儒有席上之珍以待聘，夙夜强学以待问。"

③ 挟书而讲者：指以教书为业的人、主动开门授徒的人，乃至为皇帝讲课的人。

④ 强聒：唠叨不休。

⑤ 自任：自居。

韩愈为例来要求他，他说，我的看法与韩愈不同，不要拿韩愈的说法来要求我。看来，柳宗元只是碍于朋友的面子，不愿明确指出韩愈的说法不符合儒家的"师道"。在中唐的儒学复兴运动中，韩愈的口号喊得比柳宗元要响亮，影响也大，但真正说到儒学水平，韩愈框架虽大，却远没有柳宗元精深。

曾巩读书较多，也不需要像柳宗元那样给朋友面子，所以他直接阐明了"师"的真正含义完全不同于"挟书而讲"的教育工作者。其实，"有来学，无往教"的原则，一见于《礼记》，再见于《韩诗外传》，从《汉书·孙宝传》也可以读到。"师"是具有道德学问的人，保持自身的端正、智慧、尊严，给世人一个可以仿效的榜样，有人来请教，做得合礼，他可以随问而答，诲人不倦，但绝无主动去教训人或出卖学问的道理。这是儒家的"师道"。如果人家并没有来问，或者来问的人不够恭谨合礼，却去对人唠叨不休，那就不能叫作"师"。自然，以教书为职业乃至为皇帝当教官，就不得不"往教"，没有问也要教，这也并不是不对，这是社会上的正当职业，或朝廷委派的重要工作，但不是"师"，而是韩愈说的那种用来"传道、授业、解惑"的人，也就是现代的教育工作者，当然是个可以谋生的工作，但与"师道"本不相干。

曾巩指出这一点，也不仅仅为了卖弄他的经学知识，而有现实的针对性。当时有一些为皇帝讲课的学士，错误地觉得自己是皇帝的"师"，要求得到更高的礼遇。他们提出：站着讲课不符合尊师重道的规矩，要"坐讲"，坐着讲课。讲的人坐着，听的人要不要站起来呢？如果是普通的人，倒不妨站一站，但那是皇上，又没有谁敢叫皇上去站着，所以只好大家一起坐了。这便勉强搞出一个"坐而论道"来。确实，自古以来就有天子跟别人"坐而论道"的，但那是天子向他所尊敬的人，即真正的"师"请教时的做法。而为皇帝讲课，只是一种工作，属于朝廷事务之一，教官也只是一种职位，在官僚体系之内，当然只能遵守一般的官场礼仪而已。曾巩毫不客气地指出：这些人早已不是本来意义上的"师"，却还要以"师"自居，"何其妄也"！

张载：为万世开太平[1]

> 为天地立心[2]，为生民立命[3]，为往圣继绝学[4]，为万世开太平。
>
> ——《张子全书》

六朝隋唐以来的门阀贵族，经过了晚唐五代的乱世后，已经基本消亡。宋代以后直至晚清，中国社会的统治阶层不再由血缘决定，而是通过科举考试来决定的。以进士及第者为主体的士大夫文官，成为社会的中坚，他们既是国家的管理者，也是一切社会事务，包括财经、法律、军事、教育等所有方面的裁决人，同时还担负文化传承的责任，在哲学、历史、文学诸领域展开研究和创作。这样一个"全面发展"的、而又通过科举考试不断换血的士大夫阶层，其强有力的存在，是传统中国区别于其他国家的特色之一。可以说，这是一种士大夫文化，其核心要旨就反映在张载的这四句名言之中。第一句"为天地立心"是对世界本体的终极关怀，第二句"为生民

---

[1] 张载（1020—1077）：字子厚，号横渠，嘉祐二年（1057）进士，北宋哲学家，著有《正蒙》等书。他是程颢、程颐的表叔，与周敦颐、邵雍和二程并称理学的"北宋五子"。

[2] 为天地句：意谓阐明大道。

[3] 为生民句：意谓阐明人的"性命"，即人受命于天的本性。

[4] 往圣：以前的圣人。绝学：不传之学。

立命"是对人类本性的透彻思索，第三句"为往圣继绝学"是对文化传承的自觉，最后一句"为万世开太平"则是政治目标或社会理想，也是士大夫文化的归结之点。在某种意义上，张载的这四句话为宋代以下中国文明的发展提供了纲领性的指示。

照现代的观点来看，这简直可以称为"和平发展"的纲领。从天地人性说起，主张本民族文化的持续传承，而谋求万世之太平。这里没有一点"匈奴不灭，无以家为"的斗志，毫无战争和霸权的火气，更不主张弱肉强食。每个人都对宇宙和良心负责，对往昔的圣人教导负责，对社会的长久和平负责。我们从这里可以看到士大夫阶层的志趣所在，也可以由此理解北宋社会的某些优点和弱点。在历代统一王朝中，北宋是文化上最发达，而军事上最孱弱的。按理说，北宋时代的中国人，在当时的世界上率先掌握了火药和印刷术，就其历史进步性而言，那就等同于在现代率先掌握了核武器和IT技术，如果要争霸世界，岂不是最好的时机？本来可以成为最强的北宋，结果却是最弱，不能不令我们深思其中的原因。政治的腐败或宫廷的荒淫并不是真正根本的原因，宋代在这些方面的问题远没有汉唐那么严重。应该从文明的性质上去作出思考。

以下的现象深刻地反映出士大夫文化的价值观。有一个统治了半个中国的金朝女真族皇帝，曾经产生一个不解的疑问：汉人的军队在打仗的时候最怕死，为什么汉人官僚在向他犯颜直谏的时候一点都不要命？

王安石：己然而然，君子也①

时然而然②，众人也③；己然而然，君子也。己然而然，非私己也④，圣人之道在焉尔。夫君子有穷苦颠跌⑤，不肯一失诎己以从时者⑥，不以时胜道也。故其得志于君⑦，则变时而之道⑧，若反手然⑨。

——《送孙正之序》

---

① 王安石（1021—1086）：字介甫，号半山，谥文，封荆国公，故又称"王文公"或"王荆公"。宋仁宗庆历二年（1042）进士，宋神宗时任宰相，力行"变法"。他是以设计和推行"新法"著名的政治家，也是名列"唐宋八大家"之一的古文家，诗坛的巨匠，又是北宋最具有影响的思想家，其学说被称为"荆公新学"，长期主宰朝廷的意识形态。己然句：自己认为对的才肯说对。
② 时：指一个时代的普遍风尚。
③ 众人：一般人。
④ 私己：偏袒自己。
⑤ 颠跌：翻转、跌倒，比喻挫折。
⑥ 失诎己：放弃自己的观点，委屈自己。从时：跟随普遍的风尚。
⑦ 得志于君：获得君主的信任，可以施展抱负。
⑧ 变时而之道：将目前的风尚改变成符合圣人之道的形态。
⑨ 若反手句：像翻过手掌那样容易。

除了"半山""荆公""文公"这些自号、封号、谥号外，王安石还有一个外号，叫做"拗相公"，意思是一个固执己见的宰相。他太相信自己设计的"新法"都符合《周礼》蕴含的圣人之道，鄙视一切反对意见。反对者都被他称为"流俗"，从上一辈的欧阳修，同辈的司马光，到下一辈的苏轼，都是"流俗"。这不但是因为政治斗争需要给对手加以某些不雅的称呼，也因为他自己一贯相信：真正的君子就是跟多数人见解不同的人。他认为，一个时代的普遍风尚是不值得肯定的，如果时尚认为好的，你也跟着说好，那你就是一个小人。只有坚持自己认为对的东西，那才是君子。

凭什么那么相信自己的见解呢？倒也不是偏袒自己，而是因为自己的见解符合圣人之道。在宋人的观念中，跟圣人之道相比，时尚当然是可以不屑一顾的了。但是，又凭什么相信自己的见解就是圣人之道呢？此处有一个思想背景，就是"性命之学"。圣人之道即是天道，天道化生万物，而最灵者为人，所以人是天道的最好体现者。天道并非遥不可知，只要深刻反省每一个人受命于天的本性，就能得到天道。故天道就是人性，两者是一回事。那么，人们认识天道的方法，也就不是向外去研究各种事物，而是向内去反省自己。严格地说，这套学说也并不为只相信自己的做法提供理论依据，但事实上，依这套路径进行思考的人，是很容易只相信自己的。

作为哲学家，自然没有一个不相信自己的。但毕竟社会上哲学家并不太多，有那么几个只相信自己的人，出现几套不同的学说，本不碍事。问题在于"其得志于君"，有某一种学说会跟皇权相结合，要一统天下。王安石后来就这样做了。我们不知道晚年的王安石有没有想过一个问题：如果他的学说果真统一了天下，那么是不是全世界都成了"时然而然"的小人了呢？

程颢：有有德之言，有造道之言[1]

> 有有德之言，有造道之言。孟子言己志者，有德之言也；言圣人之事，造道之言也。
>
> ——《河南程氏遗书》卷十一

禅宗的六祖慧能大师，有一次对众弟子说："我有一件东西，无头无尾，无名无姓，没有正面也没有反面。你们认得这件东西吗？"小弟子神会应声而答："这就是人人皆有的佛性。"当场受到慧能的斥责："我不是才说了无名无姓吗，怎么你就把它叫做佛性了呢！"

慧能明明确实是在用比喻讲佛性，但神会一答，便遭斥责，这是为何？这是因为此时的神会并未真正达到体悟佛性在自己身上的境界，他只是凭着一股聪明劲与敏锐的理解力，认识到慧能讲的是关于佛性的道理，这就好像自己并未生病，但学过医的人能够懂得病理。禅宗认为，这样的懂不关痛痒，不是真懂。真正的懂要"如

---

[1] 程颢（1032—1085）：字伯淳，学者称为"明道先生"，道学的创始人。北宋嘉祐二年（1057）进士，起初受到王安石的信任，但不久因反对"新法"被贬斥，司马光执政后随即起用他，但他随即去世了。有德之言：一个人的精神境界达到一定程度时自然说出具有相应水准的话。造道之言：凭一个人的理解、推演能力，通过对道理的研究思考而作出的表达，其水平可能超过表达者实际达到的精神境界。

人饮水，冷暖自知"。

程颢说的"有德之言"与"造道之言"的区别，看来也是如此。"有德之言"是精神境界跟表述的话语水平相当的，犹如慧能之言佛性；"造道之言"是理解力超越真实精神境界的发挥，犹如神会之言佛性，只是从道理上了解，并不真有体会。凡是读书较多的人，总会有很多"造道之言"，当然也没有什么不好，但程颢的意思是，"有德之言"更为可贵，学者应该追求"有德之言"。也就是说，要努力提升自己的精神境界，这才是学习的目的。理论本身具有逻辑推演的可能性，这种推演的进展如果没有跟精神境界的提升相应，就不能算作真正的学习成果。

后来程颐也说过差不多一样的话："言有多端，有有德之言，有造道之言。有德之言说自己事，如圣人言圣人事也；造道之言则智足以知此，如贤人说圣人事也。"（《河南程氏遗书》卷十八）虽然程颐的学说跟他哥哥的有些差异，但在这基本的一点上还是颇为一致的。

程颢、程颐实际上是吸取了禅宗的精粹，来改造了传统的儒学。他们的道学之于儒教，正如禅宗之于佛教。这就难怪程门的弟子后来大多濡染了禅宗，被朱熹所指责。其实二程本人，特别是程颢，原本也具有这样的倾向，朱熹不便去指责祖师爷罢了。

程颐：百世无善治，千载无真儒①

> 周公没②，圣人之道不行；孟轲死，圣人之学不传。道不行，百世无善治；学不传，千载无真儒。
>
> ——《明道先生墓表》

程颢去世于元丰八年（1085），程颐在他的墓前立了一块碑石，曰"大宋明道先生程君伯淳之墓"，并写了一段碑文，大意是说：从周公死后，没有一个时代真正实行过儒家之道，从孟子死后，也没有一个人真正懂得儒家之道；使儒家之道重新得到阐明，自程颢开始。在程颢之前的历史几乎接近空白，"百世无善治"，"千载无真儒"。

仅仅在程颐写这段文字的几年前，被贬到黄州的苏轼在赤壁矶头发出"江山如画，一时多少豪杰"的感叹。历史上有那么多可歌可泣的英雄人物，令苏轼自愧不如，为什么在程颐看来却是一片空白呢？理由很简单，无非是要树立一个"道统"，以程颢直续孟子的"道统"。

---

① 程颐（1033—1107）：字正叔，程颢之弟，北宋道学家，世称"伊川先生"。他二十几岁时参加过科举考试，没有考上，后来在司马光推荐下破格入仕，为宋哲宗讲过课。善治：好的政治。

② 没：殁，去世。

中国历史上的"道统"论,大致开始于《孟子》卒章之言,此后经历了三种形态。第一种是所谓五百年出一个圣人的说法,如司马迁《史记·太史公自叙》,谓周公死后五百年有了孔子,孔子死后五百年有了他司马迁。后来萧绎在《金楼子》里也说,司马迁死后五百年,就正好轮到他了。第二种形态是韩愈在《原道》中阐述的,自尧、舜、禹、汤、文王、周公、孔子到孟子,单线相传,孟子死后就断绝了。言下之意,是从孟子一下子跳到他韩愈。宋初人讲"道统",一般也承认韩愈可以占据一席,当然在孟子跟韩愈之间,还可以补上扬雄、王通。在韩愈之后,又有谁可以接上去呢?苏轼认为欧阳修是最有资格的,而从欧阳修下来,自然便轮到他苏轼。第三种形态就是程颐创始的,不承认韩愈,更不承认扬雄、王通、欧阳修、苏轼之流,而以程颢直续孟子。后来朱熹基本上接受程颐的说法,只是考虑到二程有个老师周敦颐,要把他放进去,所以变成周敦颐直续孟子了。至于张载、邵雍,由于志趣跟二程相似,便也一并放进去,但核心人物显然是二程。当然,从二程下来,不难落到他朱熹本人的头上。这是"道学"家排出来的新"道统",《宋史》的《道学传》就是这种新"道统"的谱系。

相比于第二种形态的"道统"论,这个新"道统"的特点很鲜明,就是排除了韩愈、欧阳修等古文家。本来,自中唐到宋初,主张重振儒道的主要是一批古文家,如果我们把中唐以后的儒学称为"新儒学",那么新儒学与古文本来是孪生兄弟。新"道统"的出台,标志着这对孪生兄弟开始分家,宋人另有一种表述,叫做"周程、欧苏之裂"。

苏轼：政之费人也甚于医①

蜀之谚曰②："学书者纸费③，学医者人费。"此言虽小，可以喻大。世有好功名者④，以其未试之学⑤，而骤出之于政⑥，其费人，岂特医者之比乎？……知政之费人也甚于医，则愿以余之所言者为鉴。

——《墨宝堂记》

如果把政治视为个人道德或学说向全社会的推广，那么在没有执政机会时，就只好先求一己的道德完善或学说严密，所以儒家自古以来就有"达则兼济天下，穷则独善其身"的说法。但是，宋代

---

① 苏轼（1037—1101）：字子瞻，号东坡，四川眉山人，苏洵之子。北宋嘉祐二年（1057）进士及第，曾因反对王安石变法而被贬黄州，司马光执政后迅速起用，长期任翰林学士，王安石弟子重新执政，又将他贬到海南岛。他的学术思想，当时被称为"蜀学"，他领导的政治党派被称为"蜀党"，他的诗、词、古文、书法、绘画都代表了宋代文学艺术的最高成就。费：耗费，浪费。甚于：超过。
② 蜀：四川。谚：谚语。
③ 书：书法。
④ 好功名者：喜欢建立功业、名望的人，这里指王安石领导下主持"新法"的"新党"人物。
⑤ 未试之学：没有经过实践检验为可行的学说。
⑥ 骤：急迫，突然。出之于政：用在政治上。

的新儒学产生了更为崇高的理念，就是把政治看作对社会群体甚或整个人类的救治，而在没有执政机会时，也并不停止对少数人的救治，所以有了"不为良相，便为良医"的说法。做不成救治社会的好宰相，就要去做救治病人的好医生。因此，宋代知识人大多兼通医道，苏轼便是很著名的一位，现存的《苏沈良方》一书，就保存了他和沈括的医学经验。由于精研医术，他的文章中也经常出现用医术来比喻政治和文艺创作的例子。

学习任何一门技艺，在积累经验、提高水平的过程中，都要浪费一些材料，这是不可避免的代价。然而，代价有所不同，学书法浪费的是纸，学医术却要耗费病人的生命，这就需要万分小心谨慎了。再进一步说，行医不慎耗费的是个人的生命，施政不慎伤害的人就多了，故政治家的谨慎又该远过于医生才是。——苏轼用这个道理来指责王安石的"新法"，认为其论证不够充分，策划不够周密，实行的条件不够成熟，其可行与否没有经过试验，一下子推广，必然会"费人"。这样，即便能够达到"新法"的理想，所谓"富国强兵"，但要付出"费人"的代价，在苏轼看来，绝不是成功的政治。

当然，不愿付出代价，难免一事无成，苏轼的这段话，从反面去驳难并非不易。不过可能没有人愿意作这样的驳难，因为这里的代价是人。无论如何，对人的关怀是优先于一切的，"政之费人也甚于医"，确实是具有人道精神、值得深思的一句话。

苏辙：观天下之势，而制其所向①

天子者，观天下之势，而制其所向，以定其所归者也②。夫天下之人，弛而纵之③，拱手而视其所为，则其势无所不至④。其状如长江大河，日夜浑浑，趋于下而不能止，抵曲则激⑤，激而无所泄则咆勃溃乱⑥，荡然而四出，坏堤防，包陵谷⑦，汗漫而无所制⑧。

——《君术策第五道》

在今天的中国，人们普遍觉得自己落后于某些外国，所以意识中有明显的目的论倾向，仿佛有一个确定的方向可以寻路前去。近

---

① 苏辙（1039—1112）：字子由，号颍滨，苏轼之弟。他与兄长始终如一，同为唐宋古文八大家之一，同为北宋嘉祐二年（1057）进士，同样因反对王安石而被贬，同样被司马光起用，后来又同样被远贬岭南。制其所向：控制其发展的方向。
② 定其所归：确定其目的、归宿。
③ 弛而纵之：放弛管理，任其自由发展。
④ 无所不至：没有什么到不了的，意谓什么样的情况都可能发生。
⑤ 抵曲则激：遇到阻碍或弯曲，水势就激荡起来。
⑥ 咆勃：咆哮，迅疾。
⑦ 包陵谷：水淹没山峰和谷地。
⑧ 汗漫：水势浩大的样子。无所制：无法控制。

代，我们一会儿要走日本人的路，一会儿又走苏联人的路。然而，对于宋代的中国人来说，根本没有哪一个"先进"的外国可以成为他们的路标，不能根据别人的经验来预测王朝的命运，所以，天下的大势被苏辙形容为难以确定流向的长江大河，是完全可以理解的。

要说目标的话，儒家经典记载或虚构的三代礼乐，可能作为目标，自宋初以来，儒家学者不断要求天子率领他们去走三代的路。但苏辙却提出尖锐的质疑：恢复三代礼乐，真能解决眼前这条长江大河的复杂问题吗？——这才是宋人政治思考的核心命题。在当年的政局中，苏辙面对着宣称重建三代制度的王安石"新法"，所以他要提示人们关注这条长江大河本身所体现的走势，是否可以通向三代礼乐，或者应以何种途径通向三代礼乐。在某种意义上说，对三代礼乐的向往跟目的论倾向是相似的思考方式，而面对一条流向不明的长江大河，却须进行更为艰苦的思考。苏辙的态度很明确：天子的责任，就在于根据实际情况来疏导水势，控制流向，即使要把它引向跟三代相同的目标，也不能强走跟三代一样的路。

黄庭坚：颜子以圣学者也①

颜子以圣学者也。会万物唯己②,是谓居天下之广居③;常为万物之宰④,是为立天下之正位⑤;无取无舍⑥,是为行天下之大道。具此三者,是谓闻道⑦,是谓大丈夫⑧。

——《李彦回字说》

北宋初的儒学,大抵主张通经学古,救时行道,所以范仲淹投身政治改革,欧阳修以古文弘扬道义,李觏要用《周礼》来改变目前的制度。但自道学家阐述"性命之学",提倡向内做功夫,风气便

---

① 黄庭坚（1045—1105）:字鲁直,号山谷、涪翁。北宋治平四年（1067）进士,苏轼门下"四学士"之首,其诗歌与苏轼并称"苏黄",后被认作"江西诗派"的开山祖师。以圣学:学习成为圣人。
② 会:领会。万物唯己:心灵支配万物。
③ 广居:大房子。
④ 宰:主宰。
⑤ 正位:正确的位置,指人为万物主宰的核心位置。
⑥ 无取句:指人以天地之心为心,不以私欲干扰自然的运行。
⑦ 闻道:《论语·里仁》:"朝闻道,夕死可也。"
⑧ 大丈夫:《孟子·滕文公下》,"富贵不能淫,贫贱不能移,威武不能屈,此之谓大丈夫"。

又有变化。欧阳修对"性命之学"不以为然，王安石则已体现了将"性命之学"与《周礼》制度相结合的努力，苏轼于继承欧阳修古文外，也不放弃对"性命"的研治，他只是反对光谈"性命"不做事而已。在道学家看来，如果不先解决"性命"的问题，就是"内圣"功夫还没到家，心术不正，如何好去做事？黄庭坚虽是苏轼门下的学士，其实受周敦颐、王安石影响甚深，对向内的功夫极为重视。

所谓"性命之学"，就理论上说，是继承孟子的"性善论"而来，但几乎所有谈论"性命"的人都认定颜子才是学习的典范。颜子箪食瓢饮而不改其乐，被看作"尽性知命"，接近"内圣"的表现。黄庭坚所谓"闻道"，所谓"大丈夫"，就是做到"内圣"之人。他对于这"内圣"的精神实质的解释，即"会万物唯己""常为万物之宰""无取无舍"三点，是出于他自己的领悟，有他本人的思想特点，可以不论。重要的是，全部内容从头到尾都停留在一种心理状态而已。当然不是说有了这样的心理状态，就不要做什么事了；而是无论做什么事，都要保持这样的心理状态。在黄庭坚看来，做的事成功与否并不重要，能否保持他所说的心理状态才是真正重要的。做事成功了，只不过是成功者而已，最多是当上一个宰相；而能够保持他说的心理状态，便达到了跟颜子一样的精神境界，那才是大丈夫。

王安石"变法"后，北宋士大夫迅速分裂为两个部分，支持"新法"的叫"新党"，反对"新法"的叫"旧党"。在王氏执政时，"旧党"被排斥，于是纷纷表达出对颜子的心理认同。有一个孔宗翰（据说是圣人的后代），在山东造了一个"颜乐亭"，程颢为他写了《颜乐亭铭》，司马光写了《颜乐亭颂》，苏轼写了《颜乐亭诗》，可以看作他们学习颜子的一次心理交流。经过"新旧党争"的反复后，至宋徽宗、蔡京的时代，政策上向"新党"一面倒，"旧党"长期被压制，便使颜子的穷居自乐越来越成为他们的精神支柱。黄庭坚属于"旧党"，与他作出相似表述的还有晚年的苏辙，他比苏轼长寿，在蔡京的时代生活了十几年，思想重点从早年的学习汉唐制度，转向了晚年的体会颜子境界。

"党争"的结果使士大夫的比较普遍的生活态度，由范仲淹的"先忧后乐"，变为颜子的"箪食瓢饮"，而体现出跟政权疏离的倾向。但马上到来的"靖康之难"又会重新呼唤士大夫去跟朝廷结合，诗人陈与义及时地喊出"中兴天子要人才""不须辛苦学颜回"。

刘安世：民可使由之，不可使知之①

"民可使由之，不可使知之。"若如此，则大有识义理者②，岂可禁之使勿知？……盖当熟味"使"字③，如孟子言"梓匠轮舆能与人规矩，不能使人巧④"之义。圣人能以理晓人，至于知处⑤，贵乎自得⑥，非口耳所传授。

——陈鹄《耆旧续闻》卷一

"民可使由之，不可使知之"，本是孔子亲口说过的话，但到底该怎么理解，却有多种说法。古代最常见的解释是：民众比较愚蠢，

---

① 刘安世（1048—1125）：字器之，号元城。在王安石执政的熙宁六年（1073）考上进士，但拒绝做"新法"政府的官，却跑到闲居洛阳的司马光那里去当学生。在司马光执政后，他出任谏官，勇于弹劾王安石的余党，后来遭到报复，连续流放于穷远极恶之地，但他顽强地生存到"靖康之耻"发生的前夕。民可使二句：原出于《论语·泰伯》。由之，照命令去做。
② 识义理者：懂得道理的人。
③ 熟味：仔细玩味。
④ 梓匠二句：出自《孟子·尽心下》。梓，制造器械的工人。匠，建造房子的工人。轮，制作车轮的工人。舆，制造车辆的工人。
⑤ 知处：一个人掌握道理的情况。
⑥ 自得：自己获得理解、领会。

不能理解圣人的微妙深意，所以只要让他们去照着命令做，不用去跟他们讲明道理。现代最常见的解释是：民众天生是统治者的敌人，所以只要让他们执行命令，不能让他们知道真相。前一种说法，似乎是面对"愚民"时的无奈措施，后一种则是主张恶毒的"愚民政策"，但不管哪一种，都不符合孔子作为教育家的总体人格。

刘安世提供了更接近于教育家人格的说法。他说，应该抓住孔子话中的两个"使"字去理解。"使"表示了一种外在的力量作用在对象的身上，这样的作用有的可以直接达成效果，有的却未必能奏效。比如规矩、法律，你可以直接迫使对方去遵守，但某些学说、道理，你就无法迫使对方马上掌握到与你一般的程度，还要他自己慢慢领会。这正如一句俗语所说："师傅领进门，修行靠自身。"孔子说的"使由之"，就等于"领进门"，是可以"使"的；而"知之"则等于"修行"，那要靠自己，不可以"使"的。刘安世认为，这是孔子对教育规律的阐述，他可以努力地教，但掌握得如何，要看学生自己，不是他可以"使"的。我们无法确定这是否符合孔子的原意，只能当作刘安世的思想吧。

孔子虽是教育家，但未必每说一句话都针对教育问题。这两句话就"民"而言，似乎还是在讲政治问题，而不是教育问题。但刘安世提醒我们要注意两个"使"字，却真的很重要。"使"在这里应当是强迫的意思，一个人的外在行为可以强迫，内在的认知却不可以强迫，古代统治者能用权力强迫人民服从统治，但不能强迫人民接受和认同其统治学说，因为每个人的内心自有良知，自有观点。当然可以禁止他说，但总无法禁止他想。

陈与义：微波喜摇人，小立待其定[①]

谈余日亭午[②]，树影一时正。清风不负客，意重百金赠[③]。聊将两鬓蓬，起照千丈镜[④]。微波喜摇人，小立待其定。

——《夏日集葆真池上以"绿阴生昼静"赋诗得"静"字》

一般认为，唐诗善于抒情，而宋诗善于说理，相比之下，抒情比说理更适合于文学。其实这是一种非常肤浅的误解，抒情一点不比说理更接近文学。研究一个机械，得出一番道理，这固然是物理而不是文学；但一个人受到刺激，或高兴或悲伤，这是生理，也不是文学。谁能断定生理比物理更接近文学呢？鲁迅说过，"汽笛呀""列宁呀"不是文学，"人笑了呀""人哭了呀"也不是文学。不过，要正面说出什么是文学，那是不可能以科学定义的方式来说的，只

[①] 陈与义（1090—1139）：字去非，号简斋，北宋政和三年（1113）进士，"靖康之难"时逃奔南方，流亡多年，绍兴元年（1131）开始任职于南宋朝廷，官至参知政事。他被认为是两宋之交最优秀的诗人。摇人：水面的波澜使人影动荡。小立：稍站一会儿。

[②] 谈余：谈论之余。亭午：正午。

[③] 意重句：正午时候吹来的清风，比送我百两黄金更具有深情厚谊。

[④] 千丈镜：比喻水面。

能描述一些特点。抒情也好，说理也好，如果是文学，必然要包含独特的生活体验。杜甫说"感时花溅泪"，他哭得比较特别，所以是诗；陈与义说"微波喜摇人，小立待其定"，他想表达的道理是，面对一点动荡不要慌乱，宁静地等一会儿，就会恢复正常，但他这个道理，是通过他站在水面前的独特感受来表达的，所以也是诗。

宋人有一则笔记说，陈与义写这几句诗的时候，正好罢了官，所以感慨系之。如果是这样，当然就更包含了独特的生活体验。大概宋人就是这样理解诗的，所谓"知人论世"，就是把诗句的含义还原到生活体验中去批评。但现代学者加以考证后，确定了陈与义写这几句诗的时间，那时候他并未罢官。这样看来，微波摇人不是指罢官，但当然不是只有罢官才会引起类似的感受，生活中获得此种体验的机会是很多的。

重要的是陈与义对待生活的态度。由于各种因素的影响，本来清楚的事情、应有的进展，一时被扰乱，似乎颇为复杂，这个时候要有正确的应对方法，就是"小立待其定"：不要去管那么多乱七八糟的东西，只要宁静地等一会，该怎样的还是会怎样。当然这里必须有一个心理前提，就是完全藐视那些扰乱因素或捣蛋的人。

郑樵：当使一民有百亩之田①

伟哉后魏孝文帝之为人君也②……而行均田之法③。国则有民，民则有田。周、齐不能易其法④，隋、唐不能改其贯⑤。故天下无无田之夫，无不耕之民……后之言治道者⑥，当使一民有百亩之田⑦，然后可以议魏、齐、周、隋、唐之事。若有无田之民、不耕之夫，则于魏、齐、周、隋、唐之事，未可轻议也。

——《通志》卷六十一

在传统的农业社会，土地问题是最基本的问题。可以说，土地

---

① 郑樵（1104—1162）：字渔仲，两宋之际的史学家、文献学家。他闭门攻读，不应科举，学问渊博，考证精确。著述甚丰，以《通志》二百卷最受后代重视。
② 后魏：今称北魏。孝文帝：拓跋宏（后来改为元宏），以施行汉化改革著名。
③ 均田之法：计口分配土地的制度。北魏孝文帝太和九年（485）施行均田制，十五岁以上男子授田四十亩，女子二十亩。
④ 周：北周。齐：北齐。
⑤ 贯：做法。
⑥ 治道：治理天下之道。
⑦ 百亩之田：唐代的均田制规定，成年男子授田一百亩。

分配方面的合理程度如何，决定了一个政权能够延续的时间之长短。宋初以来，学者们都喜欢谈论西周的"井田制"，那出于儒家的经典，其权威性自是不言而喻，可惜的是时代相隔辽远，详情不得而知。实际上，谈论"井田制"的现实意义也在于合理分配土地，而不是真的要把现有的农田都改造成"井"字形的方块。所以，真正具有参考价值的是北魏以来的"均田制"。郑樵认为，"均田制"看上去与"井田"无关，却是"井田制"理想的继承，而且宋朝距离实行"均田制"的唐朝不远，具体的做法都不难借鉴，比空谈"井田"要切实得多。

问题在于，宋朝的一大部分儒者，是看不起汉唐历史的，他们言必称尧舜三代。不但理论上如此，在实际政治中，继承汉唐而来的"祖宗家法"也被据说出自《周礼》的"新法"所取代，虽然遇到了不小的阻碍，到底是《周礼》的来头比"祖宗"要大，至宋徽宗、蔡京主政的二十余年间，人称"一部《周礼》，举行略遍，但不姓姬尔"。在这样的风气下，汉唐都已谈不上，北魏就更不值一提了。郑樵显然对这样的风气十分反感，他只简单地提出一点：每个农民都要有一百亩土地。如果做不到这一点，就没有资格藐视北魏至唐的各个朝代。

当然土地分配要考虑现状，国家不可能突然将全部土地收缴起来重新分配。北魏之所以能够实行"均田制"，也得益于战乱之后荒地较多的现状，齐、周、隋、唐则继承北魏而来，有法可依。郑樵也许觉得南宋初建，可以趁开国之机，断然行之。但赵宋政权是从孤儿寡母手上夺来的，得天下不正，所以这个政权有一个特点，就是从来喜欢讨好既得利益者，自宋初以来就没有抑制土地兼并的有力措施。宋高宗逃到南方苟延残喘，更不敢得罪南方的既得利益者，哪里谈得上重新分配土地呢？

陆游：虏，禽兽也①

> 虏，禽兽也。谲诈反复②，虽其族类有不能测③……且虏非中国比也④，无君臣之礼，无骨肉之恩，唯制之以力⑤，劫之以威⑥，则粗能稍定。今力愈势削，有乱而已。
>
> ——《上殿札子》

陆游现存的诗歌接近万首，在古代著名的诗人中，他留给我们的作品是最多的。不过，他可能也是最不愿意做诗人的诗人之一，他一直盼望做一个战士，去参加战斗，去消灭金人，恢复故土。所以，梁启超称他"亘古男儿一放翁"。他也曾经有机会到金殿上，向宋孝宗表明这种战斗的必要。

---

① 陆游（1125—1210）：字务观，号放翁，南宋大诗人。他在年轻时参加过科举考试，因触怒秦桧而被除名，后来宋孝宗赐他进士出身。抒发山河分裂的悲痛与收复失地的期盼，是其诗歌的突出主题。**虏**：指女真族建立的金国。

② 谲诈：虚假奸诈。

③ 其族类：他们的同族。

④ 中国：指汉族国家。

⑤ 制：制服。

⑥ 劫：劫持。

为了说明"和议"并不可靠，他断定金人必定不会遵守自己的许诺，一切许诺都是骗人的。何以见得呢？陆游觉得并没有什么道理，只因为金人不是汉族人，他们是虏，而虏就是禽兽，禽兽的话当然不可信。

为了说明南宋有战胜的机会，他断定金国必定会发生内乱。何以见得呢？因为他们跟汉族人不一样，他们不讲君臣秩序，不讲骨肉情分，只靠实力和威望互相制约，维持局面，一旦有哪一种势力出现衰弱的迹象，就失去平衡，就会内乱。

金国是一个像样的国家，不可能没有自己的政权组织形态；女真人也是人，不可能没有骨肉之情。陆游从哪里知道金人不讲君臣秩序、不讲骨肉情分呢？其实他只是把孟子的推论倒过来。孟子说"无父无君"的是禽兽，现在陆游认定虏是禽兽，那么他们一定"无父无君"。"无父"就是不讲骨肉情分，"无君"就是不讲君臣秩序。

陆游对金人的这种认识不是孤立的，在南宋士大夫间有着相当的普遍性。两宋时期异常发达的士大夫文化，本以武力不振为代价，在人口、财富乃至武器方面都占有绝对优势的国家，面对南下的草原民族时，令人惊异地不堪一击；但文化上的优越感又使南宋士大夫从未改变对"夷狄"的轻蔑态度，他们想消灭敌人，想雪洗"靖康之耻"，但几乎没有人认真研究敌人的社会形态、政治决策机制以及军事制度等。他们不想知道这些，因为他们觉得对方只是禽兽。

只有尊重敌人才能战胜敌人，面对一个至少可以说跟自己势均力敌的国家（实际上还更为强大），在对敌人几乎毫无研究的情况下，靠这样极不理智的心态去争取胜利，岂止是痴人说梦而已！

朱熹：相打有甚好看处①

看史只如看人相打，相打有甚好看处？陈同父一生被史坏了②。……譬如人看劫盗公案③，看了须要断得他罪④，及防备禁制他⑤，教做不得⑥。它却不要断他罪⑦，及防备禁制他，只要理会得许多做劫盗底道理⑧，待学他做。

——《朱子语类》卷一百二十三

路上有人打架，总会有许多无关的人围着看，不为劝架，不为弄清是非，只是看个热闹。如果你曾因此而浪费了时间，耽误了正事，那正好可以想一想朱熹的话：打架有什么好看？如果你是个有

---

① 朱熹（1130—1200）：字元晦，号晦庵，南宋绍兴十八年（1148）年进士，道学的集大成者。相打：打架。有甚好看处：有什么好看？
② 陈同父：陈亮（1143—1194），字同父（或写作"同甫"），朱熹的朋友和论敌。
③ 劫盗：打劫、偷盗。公案：有关案件的官方文卷。
④ 断得：能够判决。
⑤ 禁制：禁止、制止。
⑥ 教做不得：使打劫、偷盗的人做不成。
⑦ 它：指陈亮的读史态度。
⑧ 理会：弄明白。底：的。

公益心的人，理应立刻上前去制止，不该在旁边看得津津有味；如果你是个只顾自己的人，那么别人打架跟你也没有什么相干，从中大概得不到任何利益与启示。打架有什么好看呢？如果朱熹生活在今天，也许是个不爱看电影的人，至少不看战争片吧。

在朱熹看来，读史书也是如此。历史上无非是这帮人打败了那帮人，跟路边的人打架差不多，有什么好看呢？读书的目的，是要明白天理，明白人性，要改善自己的气质，不是看古今人物打架的。

倒不是朱熹真的不读史书，其实他读的史书一点不比"一生被史坏了"的陈亮少。他的另一个论敌陆九渊是真的主张不读，朱熹也大为反感，说这样就连人间有古今变化都不知道了。反过来，陈亮读史书，也被朱熹否定，说这是看人打架，很无聊。我们看朱熹这样两面作战，好像也是在看人打架。不过，朱熹的意思，是读史的态度、方法问题，他教你不要看热闹，要看门道。

朱熹心目中充满了上古三代的社会理想，有关这三代的书籍，在古籍分类中大致属于经，而不是史，所以朱熹说的史，其内容大抵是汉唐之事。经说的是三代，史说的是汉唐，这表述虽不是很严格，大致可以成立。他跟陈亮争论的关键就在这里，陈亮佩服汉唐间一些杰出的人物，认为有许多可以学习的东西；朱熹却认定汉唐只有被批判的资格，所以他指责陈亮，你为什么不相信经，却去相信史？正因为史书所记载的汉唐之事只有被批判的资格，朱熹才指明了读史书的"正确"方法，应该跟读"劫盗公案"一样。

吕祖谦：天下之事向前则有功[1]

"利涉大川，往有事也。"[2] 往则有事，天下之事向前则有功。不向前，百年亦只如此。盖往则有功也。天下之事，方其蛊也[3]，皆有可畏之势，如大川之滔滔，然于此而往焉，则有事而可治矣。

——《丽泽论说集录》卷一

浙东学派讲的"事功"，跟现代所谓"功利主义"，其实不怎么相同，至少不等于急功近利。吕祖谦也不是急功近利的人，他从考上进士后，一直做学校的教授和史馆的编辑，在读书写作中度过了一生。吕氏家族可以算得宋朝的宰相世家，政治资源很丰富，但他不去利用，只想做好本职工作，不跟人立异，放弃表现的机会，几乎不涉足政治。主张"事功"的他实际上比朱熹、陆九渊更少政治

---

[1] 吕祖谦（1137—1181）：字伯恭，学者称东莱先生。南宋隆兴元年（1163）进士，浙东事功学派的代表人物，与朱熹的理学、陆九渊的心学鼎足而立，称吕学、朱学、陆学。三家同时，但意见不合。功：即浙东学派所讲的"事功"。

[2] 利涉二句：《周易·蛊卦》的象辞，其中"利涉大川"是卦辞，象辞解释此卦辞的含义，所谓有利于渡过大河，就是前去做事的意思。

[3] 蛊：坏。

野心。

所谓"事功",是对人类文明总体的认识。有人有社会,总会有事,在处理实际事务中,人类所收获的成果,总体上被概括为"事功"二字,它包括具体的财富积累、制度建设等,也包括抽象的知识总结,乃至思想体系的形成。比如儒家的礼教以及相关的学说,在吕祖谦眼里并不是圣人体会了天理以后纯粹靠逻辑推演得出的,而是圣人在上古时期实际事务的处理中得来的成果,并且也不光属于圣人,应该是那个时代全体人类的共同成果。所以,一切文明遗产,都是前人的"事功"之积累,就其性质上说,都不属于个人,而属于全体人们,因为任何"事功"都不是个人能够成就的,它一定是群策群力的结果。

历史是"事功"的历史,现实也将是"事功"的现实。无论如何,有了"事"才会有"功",所以若想建立"事功",首先就要向前去做事。通过对《周易·蛊卦》的阐释,吕祖谦说明了这个道理,即便面对的是"蛊",即溃坏的局势,也要奋力向前,勇敢做事,从"事"里去找"功"。

道学家要求一个人在做事前必须先认识天理,端正心术,即便为了端正心术已经费去一生的功夫,也不能着急,在他们看来,吕祖谦的说法是有点"功利主义"的。但吕祖谦其实并不反对认识天理,端正心术,他想把朱熹、陆九渊关于天理或本心的种种说法都汇拢起来,因为这些理论成果、修养方法,在他看来也是"事功"的一种,也要在做事中体现和总结出来。如此强调做事而又缺少政治野心的吕祖谦,自然把浙东学派的研究重点引向了史学。

陆九渊：堂堂地做个人①

今人略有些气焰者②，多只是附物③，元非自立也④。若某则不识一个字，亦须还我堂堂地做个人。

——《象山语录》卷四

陆九渊的思想继承北宋的道学而来，并非不认同于"天理"为最高本体。但他也继承了周敦颐、程颢向内做功夫的"性命"要旨，主张"天理"就在人的心灵，所以反省"本心"才是世间最重要、最关键的事情。明白了自己的这个"本心"，才是"自立"，才算得上做个人，像朱熹那样向外在的事物去追求知识，即便可以认得"天理"的一部分，也不免支离破碎，劳而无功，哪有自己的"本心"那么简单而完整？

这个说法，就北宋道学的基本精神来说，是抓住了要害的，因

---

① 陆九渊（1139—1193）：字子静，号存斋，学者称象山先生。南宋乾道八年（1172）进士。他是南宋"心学"一派的领袖，与朱熹的"理学"相抗。吕祖谦曾组织朱、陆二家在江西鹅湖开会讨论，希望有个统一的结论，但这两家始终不能一致，而且也从不认为吕学可以把他们统一起来。
② 气焰：指人的志气和才能。
③ 附物：依附于外在的事物。
④ 元：原本。

为道学与其他各种学说的区别,就在于它强调内省的功夫,强调独立个体内在的超越性体验,甚至认为获得这样的体验后,只要不断保存充实,不要做别的事了。这也是北宋中期以后崇尚所谓"颜子之学"的士大夫生活态度的总体趋向。但到了南宋,国家和民族面临的危亡使士大夫不能再做这样的"自了汉",他们有责任领导整个民族去挽救国家,争取生存。由此不得不放弃颜子箪食瓢饮而不改其乐的自足的精神生活,去投入救亡的时代主题。当然道学给士大夫的影响不但依然存在,而且还有发展。虽然身处救亡的事业之中,可在心理上,他们不觉得救亡的成功就是人生理想的实现,人生的最大理想仍然是要为天地立心,为往圣继绝学。所以,在朝廷上一言不合,便断然拂袖而去,回到颜子的生存状态去。救亡本来就是不得已之举,哪有苟且委屈之理?等到宋金对峙的局面基本稳定下来,便出现陆九渊这种极端个体化、内省化的学说,它不需要对外在事物的任何追逐,即便没有一点知识,不识一个字,凭着与"天理"相合一的生来就有的"本心",也可以堂堂地做一个人。

陆九渊的这句名言超越了他的"心学"本身所规定的理论内涵,成为对一切生存者的极大鼓励。尤其是没有机会获得文化教养的人们,将由此获得最为简明的价值信念。不过,按照朱熹的说法,这样"堂堂"的一个人,也只不过是个"呆人"而已。

陈亮：通和者所以成上下之苟安①

通和者所以成上下之苟安，而为妄庸两售之地也②。东晋百年之间，未尝与虏通和也，故其臣东西驰骋，而多可用之才。今和好一不通，而朝野之论，常如虏兵之在境，唯恐其不得和也……然使朝野常如虏兵之在境，乃国家之福，而英雄所用以争天下之机也③。执事者胡为速和以惰其心乎④？

——《上孝宗皇帝第一书》

朱熹指责陆九渊有头无尾，因为他只讲"本心"不做实事，又指责吕祖谦有尾无头，因为他没有先端正心术，就去追求"事功"。朱熹认为自己才是有头有尾。实际上，吕学的"事功"概念并不只是朱熹理解的那个尾巴，吕祖谦本人也没有强烈的世俗功名欲望。但陈亮跟吕祖谦不同，他的功名欲、英雄气很强，而且不认为这跟

---

① 陈亮（1143—1194）：字同甫，学者称龙川先生，南宋绍熙四年（1193）进士第一。他是浙东事功学派中跟朱熹争论最激烈的一位。通和：指南宋与金之间的和议。
② 妄庸两售：妄人和庸人都可以得到好处。
③ 机：机会、时机。
④ 执事者：执掌政权的人，指宰相。胡为：为什么。惰其心：使众人的心都怠惰下来。

儒家之道有任何矛盾，相反，像朱熹、陆九渊那样只顾道德性命，忘却君父之仇，任从中原大地的沦落而一点不着急，那才是"风痹不知痛痒之人"。在他看来，之所以有这么多人不知痛痒，都是朝廷苟且偷安的结果。

追究苟且偷安的源头，就在于宋金和议，即陈亮所说的"通和"。如果没有和议，即便不打，也一直处在临战的状态，全国军民都有危机感，从中必定能产生一些英雄人物，或许有所作为；一旦和议缔结下来，大家的气都放松了，苟安之风便渐渐形成。等经历过"靖康之耻"的人都死了，后来的人出生就在金国和南宋，照陈亮的说法，"无仇可雪"，怎样才能鼓起斗志呢？所以不该去订什么和议，陈亮举出历史上的例子说，东晋就没有跟北方民族订过和议。

朱熹指责陈亮"一生被史坏了"，以至于不学经典里面的三代，去学史书里面的汉唐。在他看来，汉唐之事都是些"劫盗公案"而已。但陈亮分明看到眼前的南宋连东晋都不如，哪里比得上汉唐？学三代更是空谈。不过，陈亮虽然跟朱熹激烈争论，却是真心把朱熹当朋友的，而且对朱熹抱有很大的希望。他曾经想继吕祖谦后，再组织一次"鹅湖之会"，会议的主角之一仍是朱熹，但不是叫朱熹跟陆九渊之流去谈道学，而是约他跟辛弃疾相会，去谈政治。朱熹是文臣当中名声大、影响广的一位，辛弃疾力主恢复，胸怀将略，他们都是陈亮的好朋友，是陈亮心目中最合适的宰相和大将，陈亮想促成他们结盟，争取机会掌握国家的领导权，然后可以人人地干出一番事业来。约会的那一天，陈亮跟辛弃疾都早早地等候在鹅湖，可是朱熹却不去。

叶适：世固无不行之道，亦安有不仕之学①

颜子虽少年，而孔子以成材许之，将同其进退出处②，故曰："用之则行，舍之则藏，唯我与尔有是夫③。"初未尝必于不仕也④……又言："颜子所以甘心贫贱，不肯求斗升之禄以自给者，良以其害于学⑤。"世固无不行之道，亦安有不仕之学？

——《习学记言》卷四十九

南宋道学来源于北宋的"性命之学"，而"性命之学"标榜的学习对象是颜子。不但周敦颐、程颐这样的道学家提倡"颜子之

---

① 叶适（1150—1223）：字正则，学者称水心先生。南宋淳熙五年（1178）进士。他是吕祖谦的学生，在吕氏去世后，他的出现使浙东学派依然具备了跟朱学、陆学鼎足的实力。不行之道：不体现、应用于实践的哲学本体。不仕之学：不为出仕作准备的学问。

② 进退出处：指出仕或不出仕。

③ 用之三句：见《论语·述而》，是孔子对颜子说的话。意思是，有机会出仕，就去行道救世，没有机会就怀着道义退居在民间，两者都无不可，达到这种境界的只有我跟你两个人。

④ 初：起初。必于不仕：打定主意不肯出仕。

⑤ 颜子所以三句：见苏辙《东轩记》，此文被吕祖谦选入《皇朝文鉴》，叶适针对《皇朝文鉴》中的文章作出批评。求斗升之禄，即出仕之意。良，确实。

学"，政治家司马光、古文家苏辙、诗人黄庭坚等也以颜子箪食瓢饮而不改其乐的生存状态为自己的榜样。所以，叶适对道学的批判，要追究到颜子的问题，才算抵达其症结所在。

《论语·先进》载，孔门弟子中以"德行"著称者有四人，他们是颜渊、闵子骞、冉伯牛和仲弓。苏辙作《齐州闵子祠堂记》，说这四人中只有最后一个仲弓当了官，上面的三位都不出仕，当时的权力者曾想聘请闵子骞出山，闵子骞情愿逃出鲁国，也不答应，可见孔门有"德行"的人是不肯出仕的。叶适认为苏辙说得不对，依他的分析，颜子只是早夭，来不及出仕，冉伯牛是由于身患"恶疾"，无法出仕，闵子骞拒绝权力者的邀请，也只是不想为这一位权力者做事而已。他推翻了苏辙的论据，又引证《论语·述而》中孔子对颜子亲口说的话，证明颜子并不是打定主意不肯出仕的人。

苏辙又写过《东轩记》，说颜子之所以不肯出仕，是因为做官妨碍学问。叶适批判说，世上并没有不应用于实践的孤立的道，也没有不为出仕作准备的学问。这大概也是根据《论语·子张》中"学而优则仕"的话。

其实，苏辙虽推崇颜渊、闵子骞的不仕，他自己也未尝打定主意不肯出仕。生活在北宋的太平时代，又碰上宰相王安石施行的政策与自己的思想不合，这就有条件也有必要去追求独立个体的内在超越，从而树立所谓"颜子之学"。叶适生活在内忧外患的南宋时代，果断地破除和清算"颜子之学"，也是出于时势的需要罢了。

吕中：甚矣"国是"一言之误国也①

国论之无所主②，非也；国论之有所主，亦非也。国无定论固不可以为国，然使其主于一说，则人情视此以为向背③，人才视此以为去就④，人言视此以为是非，上之政令，下之议论，皆迁就而趋之。甚矣"国是"一言之误国也！夫国以为是，即人心之所同是也，又安有众之所非而自以为是，使人皆不得于"国是"之外者！

——《类编皇朝大事记讲义》卷二十一

道学家讨厌科举。科举的考试内容不过三种，一是诗赋，这是道学家最不喜欢的；二是经义，这本来应该是道学家的擅长，但宋代的经义大致以王安石的说法为主，所以道学家也反对；三是策论，这是要参考历史上的种种策略来解决现实的问题，其基础是史学，与道学家的兴趣也不合。所以道学家讨厌科举与贬低史学是互相联系的。但浙东学派却擅长史学，同时也跟科举渊源甚深。吕祖谦就

---

① 吕中：字时可，生卒年未详，南宋淳祐七年（1247）进士，著有《类编皇朝大事记讲义》。他是福建人，因曾向叶适等人学习，所以也属于浙东学派。国是：以国家的名义规定的正确理论和政策。

② 国论：有关国家整体指导思想的议论。

③ 向背：趋向或违背。

④ 去就：离去或参与。

编写过许多科举参考用书，极受欢迎。吕中编的《类编皇朝大事记讲义》，也属于此类参考用书。它分门别类地列出宋朝历史上发生的人事，在大事的下面加上一段讲义，启发读者从怎样的角度去理解此事的意义。这大概就是为考生学习做策论提供材料和参考意见的，当然也可以看作一部史学批评的专著。吕中总结了宋朝所谓"国是"的产生经过，并加以否定。

"国是"的说法大概出于先秦，刘向《新序》载楚国的孙叔敖提出此论，指的是对君臣都具有约束力，从而以国家的名义确定的最高指导原则，即便君主亦不可违背。北宋神宗、王安石初行"新法"时，因众臣的反对而感到举步维艰，为了统一思想、克制异论，遂欲借助这"国是"概念。神宗曾教训司马光："今天下汹汹者，孙叔敖所谓'国之有是，众之所恶'也。"这显然是以"新法"为"国是"。"新法"一旦被定为"国是"，就成了由国家法权保证其实施的基本路线，反对者容易被指为反对朝廷。这个问题很严重，故"国是"之说从此甚嚣尘上。正式为北宋国家建立"国是"的，是王安石的女婿蔡卞，他把王安石的遗像树到孔庙里，规定皇帝也必须去下拜，以此奠定"新法""新学"的不可动摇之地位。蔡卞的哥哥蔡京当然也长期把持"国是"，来打击一切异议。所以，本来为了统一思想而祭起的"国是"这一法宝，实际上加剧了北宋党争的残酷程度，给南宋政治也带来许多不良的影响。吕中对"国是"之说的否定，其背景大抵如此。

王应麟：中夏虽亡，而义理未尝亡[①]

"凡百君子，各敬尔身。胡不相畏，不畏于天。"[②]荆公谓[③]："世虽昏乱，君子不可以为恶，自敬故也，畏人故也，畏天故也。"愚谓诗云"周宗既灭"[④]，哀痛深矣，犹以敬畏相戒。圣贤心学，守而勿失。中夏虽亡，而义理未尝亡；世道虽坏，而本心未尝坏。君子修身以俟命而已[⑤]。

——《困学纪闻》卷三

[①] 王应麟（1223—1296）：字伯厚，号深宁居士、厚斋，南宋淳祐元年（1241）进士，官至礼部尚书。宋亡后，隐居家乡鄞县（今浙江宁波），二十年杜门不出。他学问广博，著述宏富，清代全祖望称他"独得吕学之大宗"，实际上其学术渊源也来自朱熹。中夏：中国。

[②] 凡百四句：出自《诗经·小雅·雨无正》。意思是，在世道将要大乱的时候，所有的君子仍应该谨慎立身。为什么不互相敬畏呢？难道不敬畏天意吗？

[③] 荆公：王安石，他曾撰写《诗经新义》，属"三经新义"之一。

[④] 愚谓：我认为。周宗既灭：亦《雨无正》诗句，西周的宗主地位将被颠覆。

[⑤] 俟命：听天由命。《礼记·中庸》，"君子居易以俟命"。

宋元之际，不是一般的改朝换代。虽然今人把元朝看作中国历史上的一个朝代，但对当年身罹其祸的国人而言，是蒙古帝国吞并了中国，中国亡了。否则，明太祖就不会有"恢复中华"之说。这跟清朝的情况又不一样。建立清朝的满族现在都是中国人，建立元朝的蒙古族现在还不全属中国，所以清朝完全可以视为中国的一个朝代，元朝这段历史则比较复杂。

至少王应麟的晚年处在中国已被灭亡的感受之中。他显然不以为这是中国的朝代更替，像汉代替秦，宋代替后周一样。他的感受应该跟抗战时期沦陷区的人民相似，也许更为绝望。他不能预见经过这一番亡国后的中国反而变得更大，但他的努力其实有利于促成这样的结果。他要求自己也要求当时的"君子"能坚守中国圣贤的修身养心之学，使义理不亡，本心不坏，如此则政权上的中国虽已灭亡，而一个文化上的中国仍然存在。值得注意的是，"义理"和"本心"这两个概念，大约蕴含着朱熹和陆九渊学说的要旨。南宋士大夫的思想成果规定了文化中国的确切内涵。用浙东学派的话来说，这便是南宋人的"事功"之结晶。再加上王安石的《诗经》学，便又追寻到"中原文献"的统绪。会同朱、陆而润饰以中原文献，正是吕祖谦的思想方法，说王应麟"得吕学之大宗"，总体上是不错的。

对于明清之际具有类似情怀的学者，如顾炎武等人来说，王应麟是他们的思想先驱。

文天祥：读圣贤书，所学何事①

孔曰成仁，孟曰取义②。唯其义尽③，所以仁至④。读圣贤书，所学何事？而今而后⑤，庶几无愧⑥。

——《绝笔自赞》

把文天祥称为"民族英雄"，是不准确的。

文天祥为什么而献身？他的抵抗只具有象征意义，并不能改变国家和民族的命运。他的皇帝和太后已经向蒙古人投降，在他牺牲的时候，早已不存在可以付予其忠诚的那个政权。为什么在没有政权的情况下，他的"忠诚"还可以孤独地付出？

---

① 文天祥（1236—1283）：字宋瑞，一字履善，号文山，南宋宝祐四年（1256）状元，德祐二年（1276）任宰相，赴蒙古兵营谈判被扣，后于镇江逃脱，南下抗元，在广东被俘押解北上。以坚贞不降，终于被杀。临死前，作《绝笔自赞》，表明其生死观。

② 孔曰二句：概括了儒家对于死的态度。成仁：完成仁德的人格。《论语·卫灵公》："无求生以害仁，有杀身以成仁。"取义：选择道义。《孟子·告子上》："生，亦我所欲也；义，亦我所欲也。二者不可得兼，舍生而取义者也。"

③ 唯其：正因为，只有。义尽：彻底履行道义。

④ 仁至：到达仁德的人格。

⑤ 而今而后：从今以后。

⑥ 庶几：算得上。

延续了三百年的士大夫文化还存在。士大夫的来源是科举，身份是文官。科举的最高代表是状元，文官的最高代表是宰相。文天祥既是状元，又是宰相，是士大夫文化的一个结晶。所以他对元朝皇帝说，作为宋朝状元宰相的他，绝无投降之理。

士大夫信奉的儒学还存在。这儒学的精义被理解为"取义成仁"，"义"包括"君臣之义"，"仁"则是人格的完成。只有通过对"义"的实践来达成了"仁"，才算没有白读圣贤的书。如果最后的"义"要求他放弃生命，那么正好就是"舍生取义"，就是"杀身成仁"。

儒学所阐明和弘扬的天地正气会永远存在。文天祥在狱中写了著名的《正气歌》，他说天地的正气曾经在历代杰出的人物身上体现出来，这说明正气不会因某个朝代的灭亡而中断，甚至也不会因某个民族失去政权而中断，就像天上的日月星辰，地上的山脉河流。杀身成仁的文天祥本来就是天地正气的产物，也将回归到正气之中。

文天祥是三百年士大夫文化的光荣收场，是儒学人格的完美实现，是天地正气的化身，他不是"民族英雄"，他是天地英雄。

宋濂：驱逐胡虏，恢复中华①

自古帝王临御天下②，中国居内以制夷狄，夷狄居外以奉中国，未闻以夷狄治天下也。自宋祚倾移③，元以北狄入主中国，四海内外罔不臣服④，此岂人力，实乃天授……天运循环，中原气盛，亿兆之中，当降生圣人，驱逐胡虏，恢复中华……盖我中国之民，天必命中国之人以安之，夷狄何得而治哉？尔民其体之⑤。如蒙古、色目⑥，虽非华夏族类，然同生天地之间，有能知礼义，愿为臣民者，与中国之人抚养无异。

——《谕中原檄》

宋濂的《谕中原檄》本为《皇明文衡》卷一的第一篇，清代

---

① 宋濂（1310—1381）：字景濂，号潜溪，元代时在浙东山中隐居读书，五十岁出山辅佐明太祖，创建明朝，为开国文臣第一。胡虏：指元朝统治者蒙古人。
② 临御：君临天下，治理国政。
③ 宋祚：赵宋的皇统。倾移：倾覆，被取代。
④ 罔：无。
⑤ 体之：领会此意。
⑥ 色目：元代称钦察、唐兀、斡罗思等民族为色目人，地位次于蒙古人，优于汉人。

《四库全书》所收的《明文衡》却将这篇压卷之作删去，原因就在于此文宣扬华夷之辨的民族大义，会冒犯乾隆皇帝的忌讳。今按，明太祖在1356年打下南京，1360年招致宋濂、刘基等人，1367年遣徐达、常遇春率师北伐，当年灭元，第二年就是大明洪武元年了。《谕中原檄》应该就为北伐而作。中国历史上有好几次"北伐"，这是唯一获得胜利的一次。史称明太祖得天下最正，主要是两个理由：一是起自布衣，提三尺剑定天下，不是欺负孤儿寡母而得；二是相对于汉族而言，他造的是异族统治者的反，光复汉族政权，其意义自不同于一般的割据攘夺。历代开国君主中，具备这两点的确实没有第二人。被明太祖许为"开国文臣第一"的宋濂，在北伐檄文中拟定"驱逐胡虏，恢复中华"的进军口号，后来也成为史家对于明太祖历史功绩的最常见之概括。

宋濂生长的浙东地区，原是南宋统治的中心地带，宋亡以后，一批隐居不出的学者，授徒教子，仍顽强传衍着中国文化的血脉。除了浙东学派原本就以此处为根据地外，陆九渊的学说盛传宁波，而朱熹的传人也在金华世代不绝。后人追索宋濂的学术渊源，或说出自吕学，或说出自朱学，看来两者都有。其实无论从吕学、朱学还是陆学，都不难引申出此种大义，因为这本来就是宋学的真精神。清人喜欢汉学而不喜欢宋学，就是因为宋学的精神令他们感到尴尬，但明人则可光明正大地发扬之。

民族大义并非狭隘的民族情绪，宋濂并未完全否定元朝，他承认元朝的百年统治权"实乃天授"，也明确主张蒙古、色目是"同生天地之间"的族群，在新的政权下，应该与汉人"抚养无异"。他只是鼓励中国大地原本的主人掌握中国的领导权。

刘基：气昌而国昌，由文以见之也①

气昌而国昌，由文以见之也。元承宋统②，子孙相传仅逾百载③，而有刘、许、姚、吴、虞、黄、范、揭之俦④，有诗有文，皆可垂后者，由其土宇之最广也。

---

① 刘基（1311—1375）：字伯温，号郁离子，元至顺四年（1333）进士，当过元朝的学官和幕府官，后隐居浙东山中。1360年被明太祖招致，随之南征北战，多所策谋，为开国文臣，封诚意伯。气：人的精神状态及其在创作中的表现。昌：昌盛。

② 元承宋统：元朝继承宋朝的皇统。

③ 仅逾百载：只有百余年。刘基大概是从元世祖即位之年（1260）算起，到元朝灭亡的1367年，共107年。

④ 刘：刘因（1249—1293），字梦吉，号静修，元初儒宗，有《静修先生文集》。许：许衡（1209—1281），字平仲，号鲁斋，元初大儒，有《鲁斋遗书》。姚：姚燧（1238—1313），字端甫，号牧庵，从学于许衡，有《牧庵集》。吴：吴澄（1249—1333），字幼清，号草庐，有《吴文正集》。虞：虞集（1272—1348），字伯生，受学于吴澄，有《道园学古录》。一般认为虞集是元代盛期的文章代表。黄：黄溍（1277—1357），字晋卿，浙东朱学传人，仕元为侍讲学士，有《金华黄先生文集》。范：范梈（1272—1330），字德机，擅诗，有《范德机诗集》。揭：揭傒斯（1274—1344），字曼硕，擅长诗文，有《揭文安公全集》。俦：辈，同类。

今我国家之兴①，土宇之大，上轶汉唐与宋②，而尽有元之幅员，夫何高文宏辞，未之多见？良由混一之未远也③。

——《苏平仲文集序》

历代开国功臣中，论文化学术水平之高，当以明初文臣为最，其见识也有些特别。随汉高祖而起的无不咒骂秦朝，随唐太宗而起的无不咒骂隋朝，随宋太祖而起的也大致鄙薄五代，投靠元世祖的汉人即便不骂宋朝，也要人人夸奖元朝。而身为明太祖佐命人臣的刘基，却夸奖元朝的国运、诗文之昌盛，并认为明初的开国气象还比不上旧日。这不光是因为刘基在元朝做过官，其实明初文臣如宋濂、王袆、高启等也无不如此，他们都不怎么否定元朝。而且，后人还指出，刘基本人的诗文在元朝末期写得很有气概和深度，到了明朝，却变得恹恹地没有生气。这也可能跟明太祖的高压政策有关。

按刘基自己的说法，元朝幅员广阔，是中国历史上最大的帝国，所以即便统治者是异族，仍令中国人因为大而骄傲，士气旺盛，文章也就很有生气。明朝继承了元朝的版图，超过了汉、唐、宋，却并未由此出现诗文创作的高潮。他说这是统一时间还太短的缘故，实际上是在指责当时的士气不盛。刘基毕竟具有不被开国气象所迷惑的学术根底。

---

① 我国家：指明朝。
② 轶：超过。
③ 混一：统一。

方孝孺：便十族，奈我何①

　　文皇降榻劳曰②："此朕家事耳③，先生毋过劳苦。"左右援笔札④，又曰："诏天下⑤，非先生不可。"孝孺大批数字⑥，掷笔于地，且哭且骂曰："死即死耳，诏不可草。"文皇大声曰："汝安能遽死？即死，独不顾九族乎⑦？"孝孺曰："便十族，奈我何？"声愈厉。文皇大怒……九族既戮，亦皆不从⑧，乃及朋友、门生廖镛、林嘉猷等为一

---

　① 方孝孺（1357—1402）：字希直，一字希古，宋濂的弟子，世称"正学先生"。明太祖长子早卒，依礼立长孙为继嗣，即建文帝。太祖第四子燕王兴兵夺建文帝位，即明成祖。方孝孺忠于建文帝，被明成祖杀害。十族：详下。奈我何：又能把我怎么样。

　② 文皇：明成祖。劳：劝慰。

　③ 朕：君主自称。家事：指成祖夺建文帝皇位，不过一家叔侄之争，与臣民们关系不大。

　④ 援笔札：拿过纸笔。

　⑤ 诏天下：告谕天下。明成祖想借助方孝孺的名声，为他起草即位诏书。

　⑥ 大批数字：有的史料说，这数字是"燕贼篡位"。

　⑦ 九族：最重的株连法，父族四代、母族三代、妻族二代的所有家属都要被杀光。明成祖以此威胁方孝孺，不料方孝孺说："便是十族，又怎么样？"

　⑧ 不从：仍不肯草诏。

族，并坐①，然后诏磔于市②，坐死者八百七十三人。

——《明史纪事本末》卷十八

  明太祖在元代，亲见偌大的中国可以被人数少得多的异族所统治，自然会深愤于国人的互不团结，一盘散沙，所以他获得政权后，采取惊人的高压政策，欲将中国社会改造为铁桶般的统一体。其后世君主，也习惯以重刑驾驭群臣，果于杀戮。但明代士大夫也形成了一种风气，他们愿抛头颅而维持清议，前赴后继，在中国史上蔚为壮观。追溯此种风气的开始，便是方孝孺。株连"九族"本来就是滥杀无辜，"十族"原是气话，表示对株连"九族"的不惧，明成祖为了落实"十族"而把方氏的朋友、门生都抓来凑成一族，足见其恼怒之深。有的史家不相信"十族"的说法，但此事杀戮之众是无法否定的。也有的评论者说，方氏忠于建文帝，自己为他死了也罢，何必激怒明成祖，连累那么多人呢？这个问题颇值得寻思。

  士大夫与君主共治天下，一般由君主掌握生杀大权，而士大夫据儒学辨明是非。方孝孺激怒明成祖造成旷古的惨案，使此事的是非不能被生杀大权所掩蔽，后来的君主也终于为他平反。所以明代士大夫便能仗着是非之权与生杀之权相抗，才形成不畏杀戮的风气，而明朝的皇帝也习惯如此，以意气滥用生杀之权，却不去计较是非，只要人家怕他杀戮，不强要人家说他杀得对。时移势易，那些"冤死"的士大夫，也多能得到平反。这是明代士气之盛的根本原因。到清代雍正、乾隆，不但擅生杀之柄，还要收是非之权，杀了人还规定全国人民必须说他杀得正确，这才造成士气的衰落。

---

① 坐：株连。
② 磔：杀。

王守仁：破山中贼易，破心中贼难①

  破山中贼易，破心中贼难。区区剪除鼠窃②，何足为异？若诸贤扫荡心腹之寇③，以收廓清平定之功④，此诚大丈夫不世之伟绩⑤。

——《与杨仕德薛尚谦》

  王阳明说"破山中贼易"，不是他吹牛。他颇有军事才能，用所谓"十家牌法"治军，正德十二年（1517）进军江西大帽山，杀"盗贼"詹师富等，次破大庾陈日能，又陷横水、左溪，诱杀"征南王"谢志山，次年又诱杀广东的"金龙霸王"池仲容，将"山中贼"都一一破灭了。正德十四年（1519）又碰上宁王朱宸濠的反叛，

---

① 王守仁（1472—1529）：字伯安，明弘治十二年（1499）进士，封新建伯，谥文成。他曾在浙江绍兴东南的阳明洞隐居读书，自号阳明子，所以世称阳明先生。其学说也被称为"阳明学"或"阳明心学"。山中贼：正德十一年（1516），江西南部及闽、赣、粤交界处有谢志山等人称王造反，明廷派王守仁统兵进剿。王于次年抵达江西，进剿顺利。心中贼：指人心中恶的意念。

② 鼠窃：指造反的小小山贼，只不过像老鼠偷窃而已。

③ 心腹之寇：即"心中贼"。

④ 廓清：澄清、肃清。

⑤ 不世：非一世所能有，罕有。

叛军攻下了南康、九江，进围安庆，而王阳明果断起兵讨伐，先克宁王的老巢南昌，待宁王回军救援，遂生擒宁王。此时明武宗以御驾亲征为名，发兵南下，沿途百姓大受骚扰，而王阳明一旅偏师，实际上已经解决了问题。

阳明心学继承陆九渊的心学而来。在南宋的吕、朱、陆三派中，吕学本来讲究"事功"，朱学也提倡研究事物，相比之下，陆学只明自己的"本心"，像个坐禅的和尚一样，看上去是最不管事的。但王阳明却建立了吕祖谦、朱熹都不可能建立的军功，证明了心学家应对实际事务的才能。他的学说一经出现，便风靡天下，追随者云集，影响深远，人们之所以对他崇拜、服气，与他的军功是不无关系的。

不过，即便正在指挥部队"破山中贼"时，他也给人写信说，真正难破的是"心中贼"，而且只有破灭了这"心中贼"才是一个大丈夫的不世伟绩，似乎"山中贼"是根本不足一破的。这也不是英雄欺人，他是确确实实认为"心中贼"更难破的。从理论上说明人心本来善良，不是一件难事。比如看到别人有困难，任何人在不假思索时自然而然产生的第一个意念，都是要去帮助他。这就说明每个人本来都有良知，本心都是好的。可是马上又会想到：这个人值得我去帮助吗？帮助他会有什么后果？会给我自己带来多少损失？……这些种种杂念，使人迟疑不决，最初的良知就被遮蔽起来，一念是圣贤，转念就成了禽兽。也许最后还是决定去帮助，从行为上看，结果还是做了好事，但心灵上其实出现过"贼"的。若要保持一个人心中永远都没有"贼"，那实在比保持行为上一直不做"贼"要艰难得多。

胡应麟：老吏断狱①

南唐徐锴与兄铉征猫事②，至七十余。古今猫事有限，即经史诗文，单辞并举③，亦不应若此之繁④。盖兄弟一时自相夸诩⑤，世不详察，狃为实然耳⑥。……李昉、宋白及诸学士编《御览》《广记》⑦，所收猫事不过十余。二书之辑，铉与其间⑧，胡不举锴七十事实之

---

① 胡应麟（1551—1602）：字元瑞，一字明瑞，明万历四年（1576）举人。他是明代中叶以博学闻名的浙东学者，对目录、考据之学的发展颇有贡献，在阳明心学盛行后越来越走向空疏的学风下，显得很特别。老吏断狱：像经验老到的胥吏判决案件一样，指考辨方法。

② 徐锴：字楚金，五代时南唐的官员，擅长文字学。铉：徐铉（917—992），字鼎臣，仕于南唐，后随李后主降宋，为宋初文化名臣。征猫事：征集有关猫的典故。此事记载在明人的笔记中。

③ 单辞并举：把只有单独一个猫字的有关经史诗文都举出来。

④ 繁：多。

⑤ 夸诩：夸耀，吹牛。

⑥ 狃：习惯。实然：真实如此。

⑦ 李昉、宋白：宋初大臣。《御览》：《太平御览》，宋初馆阁编辑的大型类书。《广记》：《太平广记》，宋初馆阁编辑的大型小说集。

⑧ 铉与其间：徐铉参与了两部大书的编辑工作。

也①?……余斯议自谓老吏断狱,博洽君子②,幸更详焉③。

——《少室山房笔丛》卷二十三

"老吏断狱"一语,大概出自金人元好问,用来称赞他的朋友辛愿对诗歌的鉴赏力(见元好问编《中州集》卷十),明初宋濂作《哀志士辞》,对辛愿深怀同情,也直接抄用了元好问此语,而胡应麟则转用于文史考据之学,谓考辨之事,要像"老吏断狱"那样才算到家。

从胡应麟在这里提供的示范来看,"老吏断狱"大致有两个特征。一是思虑周密,证据充足。把提到猫的经史诗文全部举出来,也不能达到七十多条,而《太平御览》《太平广记》所收集的有关猫的典故不过十几条,这就证明徐锴不可能"征猫事至七十余"。而且这两书的编纂,徐铉本人曾经参加,如果他们兄弟真的找到过七十几条,为什么不编进去呢?这个推论不但周密,而且有力。这也联系到第二个特征,就是单刀直入,剖示真相。把散乱的记载互相联系起来,从中找出矛盾,从矛盾中戳穿谎言。他断定这是徐氏兄弟吹牛,可见"老吏"的眼光之毒。文史考辨有时候确实需要这样毒辣的眼光。

以"老吏断狱"之法去戳穿徐氏兄弟的一个无关紧要的牛皮,当然是杀鸡用牛刀。但古人云,狮子搏兔,亦用全力,这样才能使任何猎物都不致逃脱。自兹以来,浙东文史考辨之学,一直以"老吏断狱"为追求的境界,这也成为清代浙东学派的治学特点。现代鲁迅的杂文,其周密、冷峻、凌厉,亦渊源于浙东学人此种风尚。

① 胡不:何不。实之:充实它。
② 博洽:见闻广博。
③ 详:仔细研究。

刘宗周：意者，心之所以为心也①

意者，心之所以为心也。止言心②，则心只是径寸虚体耳③。着个意字，方见下了定盘针④，有子午可指⑤。然定盘针与盘子终是两物⑥，意之于心，只是虚体中一点精神。

——《刘子全书》卷九

刘宗周讲学的蕺山书院遗址，如今尚在浙江绍兴的蕺山之麓，石壁上大书"浙学渊源"四字。这是因为：刘的一个弟子黄宗羲，开创了清代的浙东学派；他的另一个弟子张履祥，及受张履祥影响而起的吕留良，又为清代浙西学术的开端。所以，两浙之学皆渊源

---

① 刘宗周（1578—1645）：字起东，号念台，明万历二十九年（1601）进士，因为官刚正，先后三次被革职，讲学于浙江绍兴之蕺山，故世称蕺山先生。清兵下浙江，自杀未遂，乃绝食而死。意：刘氏学说中最关键的一个概念，比原来心学讲的"心"更为根本。
② 止：只。
③ 径寸：直径一寸。虚体：没有实在内容的抽象存在。
④ 定盘针：指南针、磁针。
⑤ 子午：表示方向，子为北，午为南。
⑥ 盘子：装磁针的外盒。这里以盘子比喻"心"，而以磁针比喻"意"。

于刘宗周。但浙东的黄宗羲以王阳明心学为旨归,而浙西的张、吕却尊崇朱熹理学。显然他们对刘宗周的理解是大相径庭的。其实,刘氏有一套可能过于细密的学说,欲凌驾王、朱而更出其上的。

宋明儒者对于心性的阐说,大致根据《四书》发挥而来,但后出转精,越到后来,概念的辨析越为细密,以至于很难再返回《四书》去理解。《大学》的八个条目,讲"格物、致知、诚意、正心、修身、齐家、治国、平天下",这里的"心"本来不需要像朱熹、王阳明那样从本体论上去理解,但既然作了这样的理解,就必然产生问题:为什么"诚意"还在"正心"的前面?如果牵合《中庸》来讲,"诚"的本体论意义似乎也比"正"要高一些,那么,岂不是"意"比"心"更为根本?

这个问题,也许当真会令朱熹、王阳明,尤其是王阳明感到头疼。反正他们对于"意"的种种解说,都令刘宗周很不满。所以,他索性自己搞一套,就按照《大学》的顺序,把"意"的概念拔高,它不再是"心"发出来的具体意念,而是包含在"心"里面的意志。"心"只是一个盘子,"意"才是盘子上的指南针;"心"是条船,"意"是船上的舵。这样,王阳明那个活泼的"心"被刘宗周的能指示方向的"意"定住了。

"意"的问题算是完了。可是,按这样的思路,"致知"岂不还在"诚意"的前面?再前面还有"格物"。没有办法,刘宗周只好艰苦地前进。照一般的解释,"意"是"善善恶恶",那就说明对于善恶的本能直觉"知"就包含在"意"的里面;"知"本身能够感知对象,所以"知"的里面又包含了"物"。如此,则是"心""意""知""物"层层包含,形成一个细密复杂的人性结构。刘宗周说,这才解决了什么是"人"的问题。

黄宗羲：遗民者，天地之元气也①

亡国之戚②，何代无之？使过宗周而不悯黍离③，陟北山而不忧父母④，感阴雨而不念故夫⑤，闻山阳笛而不怀旧友⑥，是无人心矣。故遗民者，天地之元气也。

---

① 黄宗羲（1610—1695）：字太冲，号南雷，学者称梨洲先生。清兵入关，他毁家产纾国难，聚众抵抗，失败后转徙于浙东一带，授徒讲学，毕力著述。晚年拒绝康熙皇帝的征召，以明朝遗民的身份终生。他继承刘宗周之学，弟子甚众，被清代浙东学派推为祖师。遗民：朝代交替之际，忠于故国，不跟新朝合作的人。元气：天地宇宙的本原。

② 戚：悲伤。

③ 宗周：西周都城镐京。黍离：荒草茂盛。《诗经》的《黍离》一诗，为周的大夫经过镐京时，看到旧时的宗庙宫殿都成了一片荒草，感伤而作。

④ 陟：登山。《诗经》的《陟岵》一诗，有"陟彼北山""忧我父母"之句，写一个长期在外的人登高思念家中的父母。

⑤ 感阴雨句：《诗经·豳风·东山》四章，写夫妻分别之久，妻子在阴雨连绵的时刻更加思念长久不见的丈夫。

⑥ 山阳：在今河南修武县境，三国时嵇康曾居此。他被杀后，朋友向秀经过其故居，听到邻人吹笛，感怀旧友，作《思旧赋》。

然士各有分①，朝不坐，宴不与②，士之分亦止于不仕而已③。

——《谢时符先生墓志铭》

自古以来，有所谓"桀犬吠尧"之说，意思是：世上最坏的人，他养的狗，对着世上最好的人，也会怒叫的。清朝统治者起初把明朝的遗民当作负隅顽抗的敌人来杀，后来康熙帝学了一点汉文化，就把他们当作"桀犬"，允许他们眷恋故国，只不许"吠尧"而已。相比于后来强迫"桀犬"们来颂尧的雍正帝，康熙还是宽仁的。至于那些投降了清朝的汉人，当然指责遗民们不能跟着时代前进，顽固不化，不知"天命"，逆天行事。

儒者自应知"天命"，所以在抵抗情绪过去以后，大部分遗民们就不再把主要精力花在"吠尧"上，而是讲学授徒、著书立说，以延续中国文化。黄宗羲甚至作了《明夷待访录》，希望拥有"天命"者能接受他的学说。但针对逆天行事的指责，他作为遗民的代表人物，便必须正式反驳。他强调眷恋故国的情怀是人心之常，人心之正，就像子女思念父母，妻子思念丈夫，周人感伤故都的荒废，向秀感伤旧友的逝去，缺少这样的情怀还能算人吗？按照王阳明心学的旨趣，人心具有的良知是世界的本体，所以黄宗羲说这是天地的元气。如此一来，遗民的存在具有本体论意义，一点都不逆天。

---

① 各有分：各自做到一定的地步。
② 朝不坐二句：出《礼记·檀弓下》，郑玄注："朝、燕于寝，大夫坐于上，士立于下。"表示没有官位的一般士人。
③ 不仕：不做新朝的官。

当然黄宗羲也不为已甚，他认为一个普通的士人，既没有做过明朝的官，就不必要为明朝殉身，只要不出仕清朝就可以了。这个态度却引来旧日知交吕留良的不满，跟他绝交了。

吕留良：尤有大于君臣之伦，为域中第一事者[1]

看"微管仲"句[2]，一部《春秋》大义，尤有大于君臣之伦，为域中第一事者。故管仲可以不死耳，原是论节义之大小[3]，不是重功名也[4]。

——《吕晚村先生四书讲义》卷十七

两浙之学都渊源于刘宗周，而刘氏的学说，其实已不能用"宗王"或"宗朱"来概括；黄宗羲为浙东学派的开山，其学术重点也

---

[1] 吕留良（1629—1683）：字用晦，号晚村。其家世代为明朝官员，易代之际，吕氏家族先后追随南明的弘光政权、鲁王政权聚兵抗清。失败后，吕留良受浙西学者张履祥影响，研究和表彰朱熹学说，伸张民族大义。晚年为拒绝清廷的征召，削发为僧，躲入深山茅庐而终。君臣之伦：君臣之间的伦常，儒家五伦之一。域中：天地之中，中国。

[2] 微管仲：如果没有管仲。语见《论语·宪问》："微管仲，吾其被发左衽矣。"管仲本来跟随公子纠，与齐桓公为敌，桓公杀了公子纠，管仲不但没死，反而为桓公所用。子路和子贡对此都抱有疑问，孔子解释说，管仲辅佐齐桓公尊王攘夷，如果没有管仲，我们都会被夷狄征服了。

[3] 节义之大小：意谓华夷之辨即民族大义高于君臣之义，管仲为了尊王攘夷的大义，可以不为公子纠死节。

[4] 功名：指管仲辅佐齐桓公成为春秋的霸主。

不在于形而上学方面辨朱、王之异同。但黄宗羲声称自己是"宗王"的,而且把刘宗周也解释为"宗王"的。清廷推尊朱学,对于这"宗王"的黄宗羲,征召不来也就罢了,而对于"宗朱"的吕留良,却把他逼得削发入山。由此可见,黄宗羲声称"宗王"也许别具苦心。但吕留良之"宗朱",却跟清廷表彰的朱学不是一回事,毋宁说是针锋相对的。同样是朱熹注释的《四书》,清廷要利用它来鼓吹君臣大节,为此愿意付出代价,允许一部分年老的遗民们去怀念明朝的故君,而凡在清代出生的人就必须跟着新朝的君主走了。不料吕留良却利用清廷表彰的《四书》,另外讲出一套:天地之间还有比君臣大节更大的"域中第一事",就是华夷之辨,民族大义。这等于是对康熙帝说:你不是崇尚朱学吗?朱学的要旨就是要鼓励我们把你赶走。

康熙帝大概没有注意及此。但是,吕留良去世四十几年后,一个湖南的秀才曾静,却从吕氏的遗著中读到了这个意思,于是酿成谋反案,使吕留良的尸体被雍正皇帝从墓里挖出来加以处决,其子孙、门人被杀戮殆尽。为了证明吕留良是"名教中之罪魁",其理论都是"邪说",雍正帝还亲著《大义觉迷录》,规定全国人民认真学习,以后不许再上吕留良之类的当。这也等于是对汉族的读书人说:你们不是相信儒学吗?儒学的正确解释是朱学,朱学的正确解释是我写的这些东西。

雍正帝自己有没有认真研究过朱学?其实没有。他刚当上皇帝,就树立了一个本朝的朱学模范,也是浙江人,叫陆陇其。此人被夸奖为第一醇儒,被雍正帝塑到孔庙里去了。但雍正帝肯定没有看过陆陇其写的书,因为在陆氏的书中,对吕留良是很崇拜的。

全祖望：周之顽民，皆商之义士也①

又百年②，予过吊其下③，因呼山中父老，问以侍御之姓名④，而莫之知也。盖天下之平久矣。乃为之哀辞⑤。呜呼！周之顽民，皆商之义士也。

——《明故张侍御哀辞》

《尚书》中的"殷顽民"是一个充满贬义的称呼，体现了周人的一种简单朴素的情怀，他们爱憎分明，对敌人一点不讲同情。只因为《尚书》是经典，所以本来不相干的后代读者也都跟着周人去骂商人。但在《尚书》产生之后，中国又经历了太多的朝代更替，

---

① 全祖望（1705—1755）：字绍衣，号谢山，清乾隆元年（1736）进士，因受官场排斥，仕宦无望，以讲学为业。其学私淑黄宗羲，一生勤奋，著述甚多，为乾隆时期浙东学术之代表。周之顽民：西周初年不肯服从统治的顽固民众，《尚书》中屡次提到处理"殷顽民"的问题。商之义士：忠于殷商的节义之士。

② 又百年：指张梦锡战死后百年。1645年清兵下江南，宁波有"六狂生"起兵抗清，张梦锡（字云生）为其中之一，1650年战死。

③ 过吊其下：指张梦锡墓所在的宁波大皎山。

④ 侍御：侍御史。1645年南明弘光朝被击溃，鲁王在绍兴监国，张梦锡的侍御史官衔，当是鲁王所授。

⑤ 哀辞：哀悼死者的文章。

沉重的历史感终于使中国人学会比较成熟地看待兴亡,不再简单地贬斥不同立场的"顽固"者,即便是经典所载,也不再盲从。这是"史"对"经"的质疑,是学者的史识对经典中的偏见的洗刷。生活在所谓大清乾隆盛世的全祖望对晚明死节者的同情,显示了历史的良心,这也是清代浙东史学的精神。在清廷所表彰的那些理学家身上,抑或今人推崇的所谓乾嘉考据家身上,是看不到这种良心的。

全祖望几乎是专门为"顽民"们进行写作的。他不辞劳苦地走访各地,艰难地搜求有关的资料,还冒着清廷的忌讳,为一大批南宋的遗民、元的遗民,尤其是明朝末年的抗清志士写下传记。"天下之平久矣",国人靠着独有的健忘能力,在惊心动魄的杀戮之余迅速恢复正常的生活,如果没有全祖望的努力,那些可歌可泣的往事会随风而去,许多忠义的生命会消逝得没有一点痕迹,是全祖望的热情把英灵召回文字之间。令他产生这种热情的,除了杰出的史识外,当然还有特殊的背景。他的家乡宁波是一块被抗清志士的鲜血浸热的土地,他的母亲是著名的抗清战士张煌言的女儿,他接触的许多学术前辈曾在黄宗羲门下受教,这些都会催生他的民族感情。他自然是识"天命"的,不可能到这个时候还对清朝有二心,也明确说过"遗民"只能有一两代,不可能有"世家"。但理智虽如此,感情仍大量倾注在"顽民"们的身上,以至于清末的一些主张民族革命的人读他的文字,会产生强烈共鸣。他的热情也给"老吏断狱"式的浙东学术注入了内在的价值意识,否则真成了刑名师爷的伎俩。

章学诚：六经皆史①

六经皆史也。古人不著书②，古人未尝离事而言理③。六经皆先王之政典也④。

——《文史通义·易教上》

"六经皆史"是章学诚《文史通义》的第一句话，是开宗明义。

从尧舜至今的中国历史，可以接近均匀地剖分为前后两段，前一段是所谓六经的形成期，后一段是它们被当作儒家经典来解读、学习或者批判的时期。仔细想来，六经实际上不能简单地算作儒家一家的经典，三代以上的古人留下来的东西，除此之外所余无几，虽然可能经过儒家的整理、笔削之类的加工，但其内容本不专属儒家，是可以肯定的，不信儒家的人一样视之为先民赐予的珍贵遗产。

---

① 章学诚（1738—1801）：字实斋，号少岩，乾隆四十三年（1778）进士，清代中叶的浙东史学家。他是"浙东学术"这一说法的正式提出者，著《文史通义》，以"情见乎辞"的文学和"理见于事"的史学，与清廷表彰的空洞理学和专事考据的乾嘉学派相抗。

② 古人：此指尧舜三代之人。不著书：指不以个人的名义写作。

③ 离事而言理：脱离具体的事物而抽象地谈论性理。

④ 先王：上古贤明君王。政典：政治文件。

比如，今人多将《诗经》当作一部纯粹的诗集来进行文学方面的研究，不顾其作为儒家经典的含义；这样的研究著作，如果按古人的书籍分类法，是要归到"经部"去的。如果"经学"指的是对于经部书的研究，那么这也算得"经学"。但谁都知道不然。《诗经》可以当经典看，可以当诗集看，当作史书来看也未尝不可。章学诚把六经都当史书看，对于一位史学家来说，是很自然的事。虽然他这样说可能另有意图。

"六经皆史"，并不能否定六经是经。《左传·昭公二十五年》云："夫礼，天之经也。"注云："经者，道之常。"把六经尊为经典，原是认为这几部书中蕴涵了"道之常"的缘故。六经固然是"先王之政典"，就此而言它们都是"史"，但这些政典蕴涵了"道之常"，在这个意义上尊它们为"经"。正如章氏所说，"古人未尝离事而言理"，但也未尝毫无道理地言事，理不离开事，这是"史"，事蕴含着理，理就是"道之常"，这是"经"。史学是研究古今变化的学问，经学则要研究不变的东西。自然，如果认定世间没有不变的东西，那也就没有经学，更谈不上儒家了。

所以，如果不以"道之常"为追求的对象，即便研究经部的书籍，也是不能叫做"经学"的。因为经之所以为经，是指其蕴涵"道之常"而言的，不以此为对象，就没有把它当经来研究。在这个意义上说，清代考据家的所谓"经学"大都不是真正的"经学"，宋明理学却更接近于真正的"经学"。至于章学诚说的"六经皆史"，固然不错，但我们也可以照模照样地说：二十五史皆经也。古人都思考，古人未尝做事不讲理，二十五史皆先贤之心术也。